● 　　本书系 2020 年湖北省社科基金一般项目（后期资助项目）"互联网经济中新型劳动关系认定与发展的经济学研究"（立项号：2020130）成果。

● 　　本书由三峡大学法学与公共管理学院和宜昌市人大暨三峡大学地方立法研究院资助出版。

三峡大学法学
与公共管理研究文库

互联网经济中新型劳动
关系的认定与调整

谭建萍 著

厦门大学出版社　国家一级出版社
XIAMEN UNIVERSITY PRESS　全国百佳图书出版单位

图书在版编目（CIP）数据

互联网经济中新型劳动关系的认定与调整 / 谭建萍
著. -- 厦门：厦门大学出版社，2022.11
（三峡大学法学与公共管理研究文库）
ISBN 978-7-5615-8862-8

Ⅰ．①互… Ⅱ．①谭… Ⅲ．①劳动关系－研究 Ⅳ．
①F246

中国版本图书馆CIP数据核字(2022)第214527号

出 版 人	郑文礼
责任编辑	李 宁

出版发行 厦门大学出版社

社　　址	厦门市软件园二期望海路 39 号
邮政编码	361008
总　　机	0592-2181111　0592-2181406(传真)
营销中心	0592-2184458　0592-2181365
网　　址	http://www.xmupress.com
邮　　箱	xmup@xmupress.com
印　　刷	厦门集大印刷有限公司

开本	720 mm×1 020 mm　1/16
印张	10.5
插页	2
字数	180 千字
版次	2022 年 11 月第 1 版
印次	2022 年 11 月第 1 次印刷
定价	76.00 元

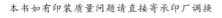

厦门大学出版社
微信二维码

厦门大学出版社
微博二维码

序　言

在互联网经济的快速发展对我国社会资源配置方式和利益分配机制产生深刻影响的同时，"互联网＋"所催生的新业态中的劳动关系也在发生新的变异。本书把我国互联网经济中这种带有新特质的劳动关系定义为新型劳动关系，将非互联网经济中的劳动关系称为传统劳动关系。互联网经济中新型劳动关系的新特质又衍生出诸多新风险。这些新风险妨碍了互联网经济中的劳动者和互联网企业核心利益的实现，既不利于我国和谐劳动关系的建立，也不利于我国互联网经济的持续增长和社会稳定，因此，亟须相关法律制度予以规范和调整。

与这种现实需求的必要性和紧迫性不相适应的是，我国现有的劳动法律制度皆以增加用人单位成本的方式来确保法律制度对劳动者进行倾斜性保护。这种制度设计又是以传统劳动关系的从属性认定标准为基础的，不符合互联网经济发展的实际，也不符合互联网经济中劳动者和互联网企业的核心利益。因此，在认定和调整互联网经济中的新型劳动关系时表现得滞后、低效，亟须修订和完善。本书认为，在互联网经济的新型劳动关系中，不能以压缩互联网企业的生存空间、增加互联网企业成本的方式来保护劳动者的利益，而应当将劳动者的核心利益、互联网企业的核心利益和互联网经济的增长利益视为互相影响、互相促进、互为依托的机制关系来整体把握。与此相关的法律制度设计既要考虑对劳动者利益的有效保护又要充分考虑对互联网企业的激励，在劳动者和互联网企业之间建立合作共赢的、和谐的新型劳动关系，使二者在共同促进互联网经济增长的同时，又充分共享互联网经济发展的成果。

本书以马克思主义的相关理论和西方经济学的相关理论为依托，构建了对互联网经济中新型劳动关系的认定及调整进行经济学研究的分析框架。关于新型劳动关系的认定问题，本书运用向量自回归模型（VAR 模型）对相关变量进行实证分析以后，确立了优化新型劳动关系从属性认定标准的价值指引，运用该价值指引分析了现有劳动法律制度中从属性认定标准的不足,进而优化了新型劳动关系从属性认定标准的测评体系。关于新型劳动关系的调整问题,本书在众多相关制度规范中重点分析了《劳动法》《劳动合同法》《劳动争议调解仲裁法》调整新型劳动关系时的效率,并根据这些法律调整新型劳动关系时暴露出的滞后与不足,给出优化创新有关制度安排的对策与建议。

目　录

第一章 绪 论

第一节 背景及意义

一、背景

当前,从发展阶段来看,中国经济社会正在经历转型时期的考验,经济社会转型期劳动关系各方主体的利益诉求也随之呈现出多元化的发展趋势,由劳动关系引发的各种矛盾和争议日益凸显和多发。同时,我国经济发展进入新常态,也为完善劳动关系相关的协调体制、机制迎来了窗口期。因此,要构建中国特色社会主义和谐劳动关系,既要认清新时代下劳动关系的现状特点、发展趋势和规制短板,又要根据劳动关系发展演进的一般规律,以及变化发展的实际,加强推进我国劳动法律制度构建和劳动标准体系建设,以提升我国劳动关系的法治效能。

在这种时代背景下,我国劳动法律制度的健全和完善显得尤为重要。相较于对传统劳动关系的法律规制,我国在互联网经济中新型劳动关系认定与调整的法律规制方面尚显乏力。1995 年 1 月 1 日,《中华人民共和国劳动法》(以下简称《劳动法》)的实施为依法保护劳动者的合法权益,调整劳动关系,建立和维护适应社会主义市场经济的劳动制度,促进经济发展和社会进步提供了法律支撑和制度保障。但是随着我国经济社会的不断发展,我国《劳动法》已经不足以为市场经济的发展提供有效的法律供给。虽然有相关司法解释来拓展《劳动法》相关规定的内涵和外延,但是随着社会经济的不断发展,作为我国劳动法律制度的基准法,《劳动法》在诸多方面已经不能适应我国正在开启的新时代的社会经济发展需要,《劳动合同法》《劳动争议调解仲裁法》也面临着同样的现实困境。2008 年 1 月 1 日开始实施的《中华人民共和国劳动合同法》(以下简称《劳动合同法》)在我国完善劳动合同制度,明确劳动合同双方当事人的权利和义务,保护劳动者的合法权益以及维护劳动关系的和谐与稳定等方面发挥着不可替代的作用。为了规范我国的劳动仲裁制度,2008 年 5 月 1 日,《中华人民共和国劳动争议调解仲裁法》(以下简称《劳动争议调解仲裁法》)正式实施,也为和谐劳动关系的构建发挥了积极的功能。

党的二十大报告提出,从现在起,中国共产党的中心任务就是团结带领全国各族人民全面建成社会主义现代化强国、实现第二个百年奋斗目标,以中国式现代化全面推进中华民族伟大复兴。新时代新征程历史性地与第四次科技革命的持续推进契合,而第四次科技革命的主要特质正是互联网经济的产业化。应该说,互联网经济的蓬勃发展正在并将继续为当前中国经济的发展注入新动力。互联网经济的发展引起了劳动关系的变异,也随之滋生了诸多风险。这种新型劳动关系的认定与调整是未来劳动法的完善和修改必须思考的问题。现实情况是,我国劳动法律制度在新型劳动关系的认定与调整方面面临着供给不足的窘境,不能适应我国经济新业态的发展需要。这就亟须根据我国经济社会发展的新态势,对相关法律法规进行相应的调整、补充和完善,寻找我国劳动法律制度在新型劳动关系调整方面实现有效供给的合理路径,使之能够适应新时代的要求。

二、意义

(一)现实意义

随着市场经济的深入发展,我国改革开放不断向纵深推进,改革的重心正在从需求侧改革向供给侧改革改变。伴随着经济从高速增长阶段向高质量发展阶段的转变,我国已经处在转变发展方式、优化经济结构以及转换增长动力的关键时期。在不同的经济发展阶段,劳动者的核心利益有所不同,劳动关系主体之间的权利义务需要重新界定和分配,政府和市场的角色定位和功能发挥也各有偏重。为了适应经济发展需要并在经济发展过程中发挥促进和规范功能,我国先后颁布实施了《劳动法》《劳动合同法》《劳动争议调解仲裁法》《社会保险法》《工伤保险条例》《工资支付条例》等与调整劳动关系相关的法律法规。尽管在供给效率方面存在诸多质疑,这些法律法规的颁布实施已然为我国传统劳动关系的调整和规范提供了体系化的法律制度保障。

"互联网+"已成为中国经济新常态下最活跃的一个发展元素,它催生出新的经济业态,为大众创新、万众创业提供了广阔的平台。在助力传统产业生产力变革的同时,也改变了部分劳动者在直接生产过程、交换过程和分配过程中所处的地位和关系,促进社会财富分配格局的转变。但是,在互联网与传统产业融合的过程中也给传统劳动关系带来了新的冲击,产生了一系列问题:"互联网＋"使以往单一的劳动关系变得更为复杂化,主体不明、劳动关系的主体之间权利义务分配不明确,直接导致其归责界限模糊的风险;传统劳动关系认定的主要依据"从属性"被弱化,劳动合同履行不能和劳动者权利滥用等风险极易产生;劳动者在劳动过程中一旦出现事故或伤害,法院无法直接援引传统劳动关系中处理"工伤"或"职务行为"的法律条款,故而又存在劳动者权益救济不能的风险;"互联网＋"使得劳动关系极具灵活性,劳动者一般只需卸载互联网企业的相关程序即可达到解除和终止相应劳动关系的目的,劳动关系不稳定的风险随之产生。上述风险的存在不仅使劳动者的权益易受侵害,维权困难,对互联网企业也无法形成有效的正向激励,损害社会正当的分配秩序,最终减损经济环境的健康活力与创新驱动力。在市场经济国家,劳动关系是市场经济条件下最重要的社会关系之一。立足"互联网＋"发展的热潮,研究这一背景下劳动关系的新问题具有现实意义。

因此,现阶段有必要在梳理相关研究成果的基础上,运用经济学基础理论和研究方法对新型劳动关系认定与调整的法律供给进行效率分析,并据此提出合理的对策和建议。概言之,我国的劳动法制建设必须紧跟经济发展的目标,契合于供给侧结构性改革所必然发生的就业结构调整,助力于劳动力资源完成从"无效产能"到"有效产能"的输送,准确界定政府和市场的功能,充分发现和挖掘现有制度的潜在利润,为实现全面建成小康社会提供有效的制度保障。而新型劳动关系认定与调整的法律规制问题既是难点也是重点,直接关系到我国互联网经济中和谐劳动关系的构建和互联网经济的发展前景,关系到互联网经济中众多劳动者合法权益的实现和对用人单位的激励,应当引起关注,被提上日程。

(二)理论意义

目前对我国新型劳动关系的理论研究主要集中于法学视域内,鲜有研究机构和学者对其开展系统的经济学研究。正如党的二十大报告所指出的,实践没有止境,理论创新也没有止境。继续推进实践基础上的理论创新,首先要把握好习近平新时代中国特色社会主义思想的世界观和方法论,坚持好、运用好贯穿其中的立场观点方法。必须坚持人民至上,坚持自信自立,坚持守正创新,坚持问题导向,坚持系统观念,坚持胸怀天下,站稳人民立场、把握人民愿望、尊重人民创造、集中人民智慧，坚持对马克思主义的坚定信仰、对中国特色社会主义的坚定信念，坚定道路自信、理论自信、制度自信、文化自信，不断提出真正解决问题的新理念新思路新办法，为前瞻性思考、全局性谋划、整体性推进党和国家各项事业提供科学思想方法。对新型劳动关系认定与调整问题的理论探索，是互联网经济发展到现阶段以后对相关制度创新的必然要求。波斯纳认为，经济学是对我们生活的这个世界进行理性选择的一门科学（the science of rational choice），它是分析一系列法律问题的有力工具。① 法经济学作为法学和经济学相融合的产物，是用经济学的方法和理论来对法律制度的形成、法律制度的运行以及法律制度的实施效果展开研究，在此基础上，对法律价值进行评价的具有交叉性质的一门新兴学科。法经济学将法律制度视为经济发展运行中的内生变量，让经济学的研究方法和理论依据融入法学研究领域中去。本书的理论意义就在于从法经济学视角对我国新型劳动关系的认定与调整问题进行分析和研究，为提高劳动法律制度相关理论对新型劳动关系相关问题的解释力、预测力和干预力略尽绵力。主要包括两个层面：

第一，优化互联网经济中新型劳动关系的判定体系。从属性一直是劳动关系认定的重要标准，这几乎已经在理论界和实践中达成广泛的共识。但是无论是《劳动法》，还是从 2008 年 1 月 1 日起实施的《劳动合同法》，抑或是自 2008 年 5 月 1 日起开始实施的《劳动争议调解仲裁法》，以及这三部主要劳动法律的实施细则、实施办法、实施条例和司法解释，都直接使用了"劳动关系"这一概念，并没有从立法层面给出准确的定义。随着第四次科技革命的迅速推进，互联网经济产业化已然催生了不同于传统劳动关系的新型劳动关系。因为现有劳动法律制度在劳动关系尤其是新型劳动关系认定上的低效甚至缺位，直接导致了相关司法裁判成本增加，既妨碍劳动者依法维护其合法权益，又不利于对用人单位进行有效激励。本书将立足于互联网企业与互联网经济中劳动者之间变化了的力量对比，运用向量自回归模型（以下简称 VAR 模型）实证分析与市场、企业、劳动者相关的变量之间的影响关系和相互作用的情况，根据检验结果来确立优化互联网经济中从属性认定标准的价值指引，给出优化新型劳动关系从属性认定标准的测评

---

① ［美］理查德·A. 波斯纳：《法律的经济分析》（上），蒋兆康译，林毅夫校，中国大百科全书出版社 1997 年版，第 3 页。

体系,寻求我国劳动关系法律法规实施效率的卡尔多·希克斯(Kaldor-Hicks)改进。

第二,分析我国三部主要劳动法律调整互联网经济中新型劳动关系的效率,并据此提出有效调整新型劳动关系的对策与建议。考察《劳动法》《劳动合同法》《劳动争议调解仲裁法》调整互联网经济中的新型劳动关系时,是否符合新型劳动者与互联网企业的核心利益。立足于新型劳动关系的核心利益变化和力量对比,重构新型劳动关系的利益分配机制,目的是维护互联网经济中劳动关系的和谐与稳定,促进互联网经济的发展,盼为日后劳动关系法律制度完善和修改的理论准备贡献绵薄之力。

第二节 相关文献综述

在对现有相关文献进行系统梳理之后,根据本书的研究内容,将国内外的有关研究成果从以下四个维度进行归纳和评述:(1)新型劳动关系认定相关的文献评述;(2)新型劳动关系调整相关的文献评述;(3)我国现行劳动法律制度供给效率相关的文献评述;(4)新制度经济学视角研究劳动关系相关的文献评述。

一、新型劳动关系认定相关的文献评述

(一)与新型劳动关系认定之紧迫性和必要性相关的文献评述

生产力和生产关系是马克思主义经济学的基础性概念,互联网经济属于生产关系的范畴,是现阶段最活跃的新型经济业态,必然对其中的劳动关系的变化与发展带来深远的影响。这种新型经济形态突破了传统劳动关系认定标准和风险防范的边界,催生了互联网经济中的新型劳动关系。一些学者基于二者之间的辩证关系展开了相关研究。

关于互联网企业与互联网经济中的劳动者是否成立劳动关系的问题,最早是在美国引起广泛关注的。随着互联网经济的发展和互联网技术的不断更新,美国的"互联网+交通"快速发展壮大,Uber公司成为美国网约车行业的佼佼者,其旗下招募了大量司机。由于Uber公司与这些司机之间不符合美国劳动立法对劳动关系的界定,因此二者长期处于法律关系不确定的灰色地带,滋生的许多矛盾和风险在美国网约车市场的繁荣中不断积累,到2015年集中爆发。受理"Uber案"的美国加州北区联邦地区法院根

据争议双方当事人的举证和美国加州劳动立法的相关规定,确认了 Uber 司机与其旗下招揽的司机之间成立劳动关系,并裁定该案件构成集团诉讼。加州法院确认劳动关系成立的立场随着 Uber 公司的上诉又面临着悬而未决的命运。美国联邦第九巡回上诉法院对此案的态度一度引起美国乃至全球的广泛关注。然而,这种关注随着争议双方达成和解协议,还没等到开庭就终止了开庭再审的程序。可见,互联网经济中的从业人员与互联网企业之间的劳动关系认定问题,始终是争议的焦点。从美国已有的判例来看,法院的态度还是倾向于双方之间构成劳动关系。

关于互联网经济的发展对劳动关系的影响,有些学者在关注到该影响的客观存在的前提下,认为立法应当给予其类似于劳动关系的制度保障。班小辉认为,互联网专车是"分享经济"的典型代表。[①] 与这种新型经济模式相适应,就业模式和就业主体随之也发生了一系列改变,从属性表现得更为松散,就业者更具独立性,且在劳动(就业)风险方面面临新的情势。无论将这种新型的就业模式纳入劳动关系的范畴予以保护,还是按照劳务关系的相关规范进行处理,均不足以适应分享经济发展的内在要求,也不足以为就业者提供充足的保护。因此,应当在劳动者和传统劳务提供者之间尝试中间类型主体的制度设计,呼吁立法在"对企业存在经济依赖性的劳务提供者"的收入、职业安全等方面参照劳动者利益保护的相关制度设计予以保障。韩文基于对美国加州优步案的审慎分析,认为立足中国国情与实践发展,处理互联网平台企业与新发展的劳动关系形态之间的相关问题时,应当承认这种劳动关系"中间形态"的客观存在,并在市场与企业社会责任之间寻求合作平衡。[②] 韩文倡导企业与劳动者之间基于平等协商和友好对话,实现诉讼外的良性互动,依法明确权责,依靠市场机制来调整雇员和非雇员之间的收入分配,由此,劳动者可以实现自由选择。盖建华认为共享经济以互联网为依托,形成了自由灵活的用工关系。[③] 这种新型用工形式给经济发展带来活力的同时,也给劳动法规范中劳动主体的"二分法"体系带来较大冲击,继而使政府监管面临一定的困境。从平衡共享经济发展和劳动者

---

① 班小辉:《论"分享经济"下我国劳动法保护对象的扩张——以互联网专车为视角》,载《四川大学学报(哲学社会科学版)》2017 年第 2 期。

② 韩文:《互联网平台企业与劳动者之间的良性互动——基于美国优步案的新思考》,载《中国人力资源开发》2016 年第 11 期。

③ 盖建华:《共享经济下"类劳动者"法律主体的制度设计》,载《改革》2018 年第 4 期。

权益保护的理念出发,有必要在我国增设"类劳动者"这一法律主体,从而为政府包容审慎监管提供便利。"类劳动者"介于劳动者和劳务者之间,其在人身从属性上弱于劳动者,在经济从属性上则强于劳务者。因此,政府对"类劳动者"进行的倾斜保护应当弱于标准劳动关系,而高于具有更高自主性的劳务关系。在具体的保护方式上,政府可以先明确一些通用性的保护措施,然后根据实践情况探索具体的突破性措施。谢增毅认为,用工形式随着实践的发展会越来越丰富,客观上要求我国的劳动权利体系也完成相应的调整,另外,还应当考虑到劳动者的从属性在程度上的差异性以及市场经济中用人单位在类型上的多样化,这就导致我国目前实行的单一的劳动关系法律调整模式已经不能适应现实的需要,而劳动法应当是一个综合系统,从各个方面来实现对雇员的保护。① 因此,我国的劳动法律规范应当主要着眼于雇员在劳动关系中的从属性地位,并综合考虑其他认定标准,在雇员保护方面实现类型化处理,也为类似雇员的主体、特殊类型雇员以及特殊类型雇主的雇员提供相应的特殊规则。

也有一些学者在这个问题上态度更加明确,认为互联网经济已经催生了新型劳动关系,应当将其纳入我国劳动法制的调整范围内予以规范和保护。徐新鹏、高福霞、张昕宇从劳动保护的视角,认为共享经济的核心是互联网平台的应用,这种新经济形态打破了传统劳动关系的形式与组织管理模式,形成了"平台＋个人"一种更具灵活性、轻便化特征的新型劳动关系。② 在这个前提下,他们又认为短期内共享经济还不足以对传统用工模式产生颠覆性影响。因此,新形势下既应当冷静看待共享经济的发展以及其发展给劳动关系带来的一系列影响和突破,又应当做好调整互联网经济中新型劳动关系的制度准备。持这种观点的学者建议采取包括劳动法律规范在内的一系列措施来构建共享经济背景下的新型劳动保护策略。张素凤认为当前互联网专车运营中出现的诸多问题之所以得不到有效解决,关键在于相关法律规范的不足。③ 因此,我国应当完善相关立法,将在互联网专车运营等领域中产生的非典型劳动关系明确纳入劳动法的调整范围内。通

① 谢增毅:《我国劳动关系法律调整模式的转变》,载《中国社会科学》2017 年第 2 期。

② 徐新鹏、高福霞、张昕宇:《共享经济的冷思考——以劳动保护为视角》,载《理论导刊》2016 年第 11 期。

③ 张素凤:《"专车"运营中的非典型用工问题及其规范》,载《华东政法大学学报》2016 年第 6 期。

过明晰其用工性质、用工责任以及劳动者的劳动权益等,达到解决互联网专车运营中的用工不规范问题,保障劳动者合法权益,促进互联网专车良性发展的目的。朱海龙、唐辰明认为随着网络环境和大数据技术的发展,社会各领域的关系都发生了巨大的变化。[①] 劳动关系作为最重要、最基本的社会关系之一,也受到了互联网发展所带来的冲击,呈现出与传统劳动关系所不同的特征,进而导致了诸如法律适用不能、实施效果不佳等法律问题。解决互联网环境下的劳动法律关系问题,应当从网络对其法律关系要素的影响及其变化切入,并基于此挖掘互联网对劳动关系影响的落脚点。据此,应当从法律关系三要素即主体、客体和权利义务关系入手,着重分析互联网环境下的劳动关系各方面、各层次发生的变化,并试图寻找新型劳动关系、劳动法律关系和现有的法律框架、社会制度之间的不匹配,进而挖掘出契合当代劳动关系发展趋势及现代化发展形态的综合性困境突破之路径。

也有学者表示互联网经济中互联网企业与就业者之间基于劳动而产生的社会关系不应当纳入我国劳动法制调整的范畴。王天玉认为,要对"受拘束下给付劳务"的劳动者进行倾斜性保护,是劳动法实施的正当性理由。[②]这种倾斜性保护的目的是通过公权力对劳动关系主体尤其是用人单位一方的强制干预来矫正劳动关系中因主体力量对比而导致的实质不公平。故而,适用劳动法的正当性基础应当是劳动者的弱势地位或者劳动者的从属性。而互联网时代的劳务给付方式越来越灵活、越来越丰富,因此,认定某种劳务给付是否应当纳入劳动法调整范围之内就应当将劳动关系的从属性作为判断标准,不能随意去扩大劳动法的调整范围,否则可能会损害互联网经济这种新兴经济形态的发展,还可能扭曲劳动法的制度功能。因此得出在互联网经济发展过程中劳动关系不应当被泛化的结论。

关于我国劳动关系的发展及转型问题,有学者从劳动关系国际比较和中国经济发展阶段的视野来进行宏观的分析和预测。常凯认为,研究中国特色劳动关系,需要在劳动关系国际比较的视野下进行。[③] 国际比较劳动

---

① 朱海龙、唐辰明:《互联网环境下的劳动关系法律问题研究》,载《社会科学》2017 年第 8 期。

② 王天玉:《基于互联网平台提供劳务的劳动关系认定——以"e 代驾"在京、沪、穗三地法院的判决为切入点》,载《法学》2016 年第 6 期。

③ 常凯:《中国特色劳动关系的阶段、特点和趋势——基于国际比较劳动关系研究的视野》,载《武汉大学学报(哲学社会科学版)》2017 年第 5 期。

关系研究中的三组基本概念,即产业关系和雇佣关系、全球经济一体化与资本主义多样性、趋同与趋异,为中国劳动关系的研究提供了理论和方法的启示。中国的劳动关系是一种由国家主导的社会主义市场经济劳动关系。并且,当下中国劳动关系正处在转型阶段,从建立和调整个别劳动关系逐渐转向建立和调整集体劳动关系。在建立和调整传统产业中劳动关系的过程中,一些非典型(相对于传统产业中的劳动关系而言)的新型雇佣(劳动)关系也正在发展变化。市场经济下劳动关系所具有的一般特征,对中国劳动关系而言,也具有普遍的解释力,中国劳动关系也具备市场经济下劳动关系所具有的一般特征。市场经济下劳动关系所具备的基本特征是以解决各种矛盾为基础来实现合作的。而中国劳动关系的特色,并未在劳动关系的性质方面来体现,它体现在市场化劳动关系的主体结构、形成过程以及调整方式上。中国劳动关系的发展趋向是,趋同是一般性,趋异是特定性。这种观点对互联网经济中新型劳动关系的认定与调整问题研究,具有启示意义。

综上所述,互联网经济的发展对传统劳动关系带来的冲击和改变已经引起了一些学者的关注,但并未达到广泛讨论和达成一定共识的研究程度。无论是认为应当给予其与劳动关系类似的法律制度保障,还是认为应当将其纳入我国劳动法律制度的规范、调整范围之内,甚至是认为其不应当由劳动法来调整和规范,学者们的论证依据均涉及两个方面:一是对客观实际的确认。互联网经济作为我国现阶段的新型经济业态,已经对我国传统意义上的劳动关系产生了冲击和突破。二是对现实矛盾的梳理。我国现有的劳动法律制度已经不能有效调整互联网经济中互联网企业与就业者之间基于劳动力的使用而发生的各种社会关系,劳动法律供给效率低。在此基础上,学者们只是在"倾斜性保护"的程度和方式上存在前述分歧和争论,而这些分歧和争论的根源在于互联网经济中变化了的劳动关系的认定问题,这正是本书试图回答的问题。

(二)与新型劳动关系认定标准相关的文献评述

无论是在劳动法学理论领域还是在司法实践环节,要判断一种社会关系是否可纳入劳动关系的调整范畴,基本上都遵循主体性和内容性(从属性)认定标准的认定。我国劳动法律规范在文义上运用了主体性认定标准,却并未对劳动关系的两个关键主体("劳动者"和"用人单位")从立法上予以界定和明确阐释。法律概念的模糊不可避免地导致了主体性认定标准在司法实践环节的解释力和执行力方面均存在先天不足,从而导致理论与实践上对内容性认定标准的过度依赖，从属性成为判断劳动关系是否成立的关键因素甚至是唯一指标，其重要程度毋庸赘述。这也导致了理论和司法实践中对从属性认定标准的广泛关注和持续讨论，肯定与争议并存。

从目前国内外的观点来看，虽然论证的侧重点有所不同，但都认为以传统的单一的从属性认定标准来判定现阶段劳动关系是否成立，已经不能适应我国现阶段经济社会发展的需要。作为互联网经济中最先暴露出劳动关系争议的美国加利福尼亚州，在劳动关系从属性认定问题上进行了颇有成效的探索。以判例为依据构建起来的 Borello 测试体系，对我国新型劳动关系从属性认定标准测评体系的优化具有一定的参考价值和启迪意义。冯彦君、张颖慧基于我国学界尚未能在劳动者概念的界定方面达成共识且相关研究偏少，司法实践中多依赖从属性认定标准来认定劳动关系是否成立的现实情况，认为这种单一的劳动关系认定标准已经不能满足社会经济发展的需要，进而指出不能只固守某一标准，应当探索、确立一套综合性的测试体系。① 判断劳动关系是否成立时，这套综合性的测试体系应当以从属性为基础，并针对个案情况进行具体分析，综合评价相关影响因素、参考相关检测指标。但是符合测评条件的数量与劳动关系是否成立之间并不必然相关，甚至不能确定成立劳动关系须满足条件的固定比例，转而寄希望于认知、常识、法律专业素养与经验。李海明认为，劳动法意义上的劳动者在本质上属于社会分工中的工人。② 从这个意义上讲，劳动法界定劳动者时，并非基于其从属性，而是基于其自然权益。所以说，在社会观念中，劳动关系从属性理论一般特征中的任何一项特征都有可能被撼动。尤其是在社会发展多元化、劳动者就业形式不断更新的背景下，社会在不断重塑"打工"的含义，劳动法也应当重塑劳动者的概念。与之不相适应的是，《关于确立劳动关系有关事项的通知》中强调的"同时具备"是一种相对保守、僵化的从属性界定，就像许多学者预言的那样，沿用这种从属性标准真可能导致 50 年后不再有劳动者的结果。沈建峰认为，劳动关系从属性的认定问题并非中国的特有问题，大陆法系国家一般都将是否具备从属性作为劳动关系的认定

---

① 冯彦君、张颖慧：《"劳动关系"认定标准的反思与重构》，载《当代法学（双月刊）》2011 年第 6 期。

② 李海明：《论劳动法上的劳动者》，载《清华法学》2011 年第 2 期。

标准。① 我国司法机关在认定劳动关系从属性的过程中,考察、借鉴这些国家和地区在劳动关系认定方面的实践和有益经验,是很有参考价值的。德国最早提出了劳动关系从属性理论并对其充分展开,深刻影响了日本和我国的劳动关系认定标准。所以,考察、借鉴德国司法实践中的从属性认定问题,对我国劳动关系从属性认定标准的界定具有较大的参考意义。周长征认为,劳动法中所诠释的从属关系理论在实际运用中存在一定的局限性,在与劳动者相关的问题上并不具有广泛的解释力,因此需要根据社会经济的发展情况以及各国的具体国情来加以完善。② 在实践中,如果不能充分考虑中国劳动力市场存在体制性分割的特点,而仅仅以从属关系理论来定义劳动者的地位,就可能导致劳动法律规范与社会现实脱节的问题,影响法律的实施效果。李雄、田力认为,从对我国劳动用工制度的改革背景和市场经济劳动力市场中的劳动关系认定标准考察的结果来看,劳动关系认定标准的适用有其内在逻辑。③ 其基本路径是:根据在各种劳动用工过程中所形成的用工关系的不同,应当先以"系统从属性"这一劳动关系认定的一般标准来进行对照认定,能得出认定结论的,即可得出劳动关系是否存在的结论;如果不能得出认定结论,则需再用"不完整从属性"这一劳动关系认定的特殊标准来具体判断劳动关系存在与否。具体来讲,劳动关系认定的一般标准即系统从属性,是认定劳动关系的最高标准;劳动关系认定的特殊标准即不完整从属性,是劳动关系认定的最低标准。因此,劳动关系的认定过程实际上是从最高标准向最低标准渐次适用的逻辑过程。

也有学者从比较法的视角来探索重塑我国劳动关系从属性认定标准的可能路径。王倩认为判断劳动关系是否成立的关键是理解和确定雇员的身份。④ 她较为全面地介绍了德国学界和司法界区分劳动合同和一般雇佣合同的标准:劳务提供方是否对劳务受领者有人格从属性,而人格从属性的两

---

① 沈建峰:《论劳动关系的实践界定——以中德司法机关的判决为考察重点》,载《法律适用》2012 年第 12 期。

② 周长征:《劳动法中的人——兼论"劳动者"原型的选择对劳动法律规范实施的影响》,载《现代法学》2012 年第 1 期。

③ 李雄、田力:《我国劳动关系认定的四个基本问题》,载《河南财经政法大学学报》2015 年第 3 期。

④ 王倩:《德国法中劳动关系的认定》,载《暨南学报(哲学社会科学版)》2017 年第 6 期。

大核心特征就是雇员被纳入雇主的组织,并在雇主的指挥下开展工作,并据此指出我国在劳动关系认定方面存在的问题。穆随心、王昭认为在大陆法系中,人格从属性是劳动关系认定理论的核心表征,经济从属性和组织从属性均内化于人格属性之中,指挥控制权是劳动关系认定体系的核心内容。[①]这种认定体系很难在互联网经济劳动关系认定中有效发挥其功能。因此,应当淡化人格从属性在传统劳动关系认定体系中的重要程度,强化经济从属性、组织从属性以及社会保护必要性等考察重点,确保劳动法在经济社会发展过程中保持其劳动关系认定体系的开放及安全,并据此得出结论:全职司机与网约车平台公司之间成立劳动关系,兼职司机与网约车平台公司之间不成立劳动关系。

可见,关注劳动关系认定问题的学者们,都认为从属性是该认定的核心问题。并且,学者们一般都认为,随着我国社会经济的不断发展变化,传统的单一的从属性认定标准已经不足以有效判定劳动关系的成立与否,应当重新考察从属性标准的参考要素。但是学者们在从属性标准考察要素方面的研究还有待深入和细化,尤其是涉及互联网经济中新型劳动关系的从属性认定问题,无论是在关注度方面,还是对传统劳动关系从属性的突破方面,学者们的研究成果均未达到足以支撑互联网经济中新型劳动关系认定的程度。鉴于此,本书尝试优化互联网经济中新型劳动关系从属性认定标准的测评体系,以期抛砖引玉。

二、新型劳动关系调整相关的文献评述

与新型劳动关系调整相关的文献评述主要通过对新型劳动关系的风险规制方面来体现。目前对劳动关系风险规制的研究可以从对用人单位的激励与约束、对劳动者的保护与制约这两个维度进行梳理。

基于对我国现有劳动法律规范的反思,有学者明确提出,考虑到社会成本与收益,应当对劳动法律规范的公法属性进行必要的限制,劳动法律规范不能依靠增加用人单位的劳动力使用成本的方式来实现对劳动者的倾斜性保护。美国著名经济学家保罗·克鲁格曼认为,作为既得利益者,不断侵犯劳工的权益边界以获得更多收益是美国工会力量不断遭到削弱的原因,而

---

① 穆随心、王昭:《共享经济背景下网约车司机劳动关系认定探析》,载《河南财经政法大学学报》2018年第1期。

这会加剧社会收入分配格局不合理的程度,加深贫富差距。^① 应飞虎认为公权力可基于对公平、效率、安全等因素的考虑,对市场交易进行干预,但同时强调,使用公权力对交易双方的利益进行倾斜性配置时,应格外谨慎:运用公权力进行倾斜性干预必须是解决棘手问题的最终办法,是在穷尽其他一切救济手段之后的不得已而为之。^② 并由此认为进行社会成本和收益分析至关重要,需要进行充分的信息收集,兼顾考量其他相关因素。董文军认为对劳动者实行倾斜性保护是有限度的。对劳动者实行倾斜性保护是为了矫正劳动者在劳动关系中的弱势地位,通过国家强制干预的方式来达成劳动者与用人单位之间的实质正义,力求实现二者之间的利益平衡。^③ 如果法律的倾斜性保护并不能取得利益平衡的效果,那么就认为该保护不符合正义标准,不具备正当性。通过对劳动者进行倾斜性保护以实现利益平衡是构建和谐劳动关系、促进经济社会发展的必然要求。

中国在劳动力方面所具有的比较优势使得国外企业很难放弃中国市场,但是工人与企业之间的这种紧张关系说明双方的矛盾已经积累到必须调整的程度了,如何保障处于弱势一方的劳动者的合法权益不受非法侵害,是关系着中国和谐劳动关系构建的重要课题,应当引起重视。李喜燕认为劳动关系主体利益的公平分配要求双方能相互制衡。^④ 劳动力具有不可独立性、不可存储性、个体弱势性等特征,使得其与用人单位谈判时存在先天弱势,这就需要国家给予其倾斜性制度保障。倾斜性制度保障应当从补足劳动者生存保障制度、保障劳动者的组织独立性、赋予劳动者组织制衡权等方面进行强化,以实现劳资利益分配的实质公平。

社会经济的发展使得我国劳动关系也在不断发展和变化,劳动关系转型带来了劳动者的利益保护侧重点和保护方式的改变。针对这种改变,有的学者提出应当调整劳动关系转型阶段劳动者的利益保护机制。日本学者伊藤诚极力推崇企业与其劳动者之间的"日本式经营"合作关系,认为企业

---

① [美]保罗・克鲁格曼:《美国怎么了?——一个自由主义者的良知》,刘波译,中信出版社 2008 年版,第 112～116 页。

② 应飞虎:《权利倾斜性配置研究》,载《中国社会科学》2006 年第 3 期。

③ 董文军:《我国〈劳动合同法〉中的倾斜保护与利益平衡》,载《当代法学》2008 年第 5 期。

④ 李喜燕:《实质公平视角下劳方利益倾斜性保护之法律思考》,载《河北法学》2012 年第 11 期。

通过在服务年限长期化(终身雇佣)、薪酬模式分级化(年工序列工资)和企业工会的作用,就能实现劳动者对企业保持忠诚和勤勉,进而实现劳动者的自身价值和权益保障。① 谭金可认为,要达到我国劳动力市场在灵活性与安全性之间的平衡,应立足于我国劳动者在"二元化"劳动力市场条件下类型多样化的现状,在立法理念和制度重心上将维护劳动者的工作职位稳定转移到其就业能力提升上来,从而构建出与我国就业灵活化、多样化、复杂化以及分层化发展需要相适应的社会保障制度。② 不仅如此,还需要注重法律制度之间的协调与配合,从而在劳动力市场实现"有保护的灵活"。艾琳认为,市场经济发展过程中的普遍规律是通过集体谈判制度来调整劳资关系的,一方面尽力保障处于弱势地位的劳动者的合法权益,另一方面也对雇主的财产权、经营权以及处置权实施应有的保护,最大限度地实现劳资两利。③ 因此,当前中国亟须建立一种既有政府主导的自上而下的立法推动,又有劳动者自发的自下而上的行动促进的集体劳动关系调整与治理机制。粟瑜、王全兴认为德国、意大利、日本等在向后工业社会转型的过程中就已经关注到自治性劳动工具化现象,虽然各国选择的路径有所不同,但都将这类互联网经济中的劳动者纳入了劳动法的调整框架内。④ 因此在路径上,我国应选择保护体系重构,借鉴德、意等国的立法经验,构建工具化自治性劳动的构成要件,逐步分类配置倾斜性保护的措施。纪雯雯、赖德胜通过研究结果表明,我国网络平台的劳动力市场已突破了工作场所、劳动力市场岗位等的局限,传统劳动力市场与网络平台劳动力市场之间具有互补性。⑤ 而分享经济下构建和谐劳动关系的关键就是平衡好网络平台就业灵活性与劳动关系稳定性之间的关系。这种平衡能力依赖于行业工会治理能力的强化,法律制度对新型劳动关系的广覆盖以及重塑工会对劳方的代表性。叶

---

① 伊藤诚、黄芳、查林:《日本经济的结构性困境》,载《国外理论动态》2005 年第 9 期。
② 谭金可:《我国劳动力市场灵活性与安全性的法制平衡》,载《中州学刊》2013 年第 6 期。
③ 艾琳:《比例原则视角下的集体劳动关系治理》,载《贵州社会科学》2016 年第 7 期。
④ 粟瑜、王全兴:《我国灵活就业中自治性劳动的法律保护》,载《东南学术》2016 年第 3 期。
⑤ 纪雯雯、赖德胜:《网络平台就业对劳动关系的影响机制与实践分析》,载《中国劳动关系学院学报》2016 年第 4 期。

静漪、肖京认为,经济转型与创新是经济新常态的显著特征。[①] 经济新常态对我国当前的劳动关系提出了全方位的新挑战、新要求。在中国经济新常态下,与劳动就业相关的问题将会进一步凸显,用人单位与劳动者之间的地位失衡将会加剧,劳动关系领域中的冲突与矛盾也将会更加严重和突出,劳动者的合法权益更加容易受到损害。要想构建中国经济新常态下的和谐劳动关系,就要重点关注双方主体之间的利益平衡,充分发挥法治手段的功能并运用好相应的配套措施。

由此可见,不管在具体保护模式和保护侧重点上持何种观点,关注我国现阶段劳动关系风险规制的学者都认为,我国现有的劳动法律制度已经不足以有效防范不断发展变化的劳动关系所产生的各种风险。从劳动者的角度来看,重视劳动者合法权益尤其是就业利益对新常态下构建和谐劳动关系的深远意义,实际上就是在讨论新常态下劳动关系主体之间的利益分配机制问题,核心问题仍然是新常态下劳动者就业利益与待遇利益新的实现机制与侧重取舍。从用人单位的角度来看,既不能对其进行有效的激励,也无法对其实现有效的规制。这就导致了一种损害劳动者合法权益的可能性:用人单位为了规避劳动法律规范对其苛以的种种义务,降低劳动力使用成本,利用其资源优势和资本优势,不履行法律要求其对劳动者完成的保护义务和保障要求。这种可能性直接关联着用人单位和劳动者的风险:一方面,用人单位为了规避劳动法的适用需要投入相应的成本,而一旦发生劳动争议或纠纷,就可能承担败诉风险;另一方面,劳动者的合法权益不能按照法律规定的标准予以执行的风险,并且,由于劳动者在劳动关系中处于从属性地位,加之受到自身经济能力和法律意识的限制,劳动者还存在维权不能的风险。用人单位和劳动者均存在这种内耗式的风险,增加了互联网经济发展的成本,不利于互联网经济的发展。

从前述学者的观点来看,用人单位和劳动者之间的利益平衡问题已经引起了一定程度的关注和反思,但是相关研究成果在量的覆盖和讨论的维度方面都较为欠缺。本书认为,这主要是因为,上述研究都人为地将用人单位的风险与劳动者的风险进行了切割,没有将其视为有着内部关联的整体来对待。这种人为的切割对构建互联网经济中新型劳动关系的风险防范机

[①] 叶静漪、肖京:《挑战与应对:构建经济新常态下的和谐劳动关系》,载《中国人力资源社会保障》2016 年第 2 期。

制而言极具警示意义：互联网经济中的新型劳动关系双方主体之间存在广泛的利益一致性，既不能以牺牲互联网企业发展利益的方式去防范互联网经济中劳动者的风险，也不能为了确保互联网企业的短期利益而放任互联网经济中劳动者的利益受损。构建互联网经济中新型劳动关系的风险防范机制，既要给予互联网经济中的劳动者必要的倾斜性保护，又要保证互联网企业的发展利益，同时关注对互联网企业的合理规制和互联网经济中的劳动者在互联网时代的发展诉求，以此维护互联网经济中和谐劳动关系的构建，促进互联网经济的持续增长。

三、我国现行劳动法律制度供给效率相关的文献评述

随着社会经济的不断发展，我国劳动关系一直处在动态发展的过程之中。与我国劳动关系转型的现实需要相对应的，是我国劳动法律制度的相对滞后与局限。换言之，我国现有的劳动法律制度已经不能有效调整和规范变化发展了的劳动关系。一些学者从不同的视角分析了我国现有劳动法律制度的低效率问题。

我国与劳动关系相关的救济机制的效率问题，直接关系着我国劳动关系之风险防范机制的构建，已经有学者在关注相关问题。陈俊洁认为，劳动法的私法性规范和公法性规范统一于同一个法律体制之下，目的是获得公私双赢的调整效果，这是由其存续之利益基础所决定的。[①] 我国两套现有的劳动执法体系便是为贯彻劳动法的这一目的而设定的。然而在实践中，这两套体制却存在功能上的失位：以劳动仲裁为主要内容的劳动争议处理制度没有有效发挥其私权救济功能，以劳动监察为核心的劳动行政执法制度也没有很好地发挥其公权救济功能。重塑我国的劳动执法体制功能既是我国劳动法制发展的必然要求，也符合国际劳动公约在我国劳动法律规范、执法体制方面的要求。

已经有学者关注到了劳动法律规范中与解除或终止劳动关系相关的强制性条款。董保华认为，"法定解除"与"约定终止"是我国解雇制度中的重要内容，"法定解除"规则更多体现公法的特性，对劳动关系强调国家管制，

---

① 陈俊洁：《我国劳动执法体制功能的失位与重塑》，载《政法论丛》2015 年第 3 期。

"约定终止"规则主要具有私法的属性,对劳动关系侧重于当事人自治。[①]对我国是否应当维持重管制而轻自治的立法思路的问题,在我国《劳动合同法》修改中引发了激烈的争论。相关法理分析和比较法研究可以证明,无论是解雇的法定事由还是解雇补偿的规则,坚持管制与自治的平衡才是符合我国客观实际的立法导向。我国《劳动法》的解雇制度规范贯彻了管制与自治相融合的理念,故可以为当前我国《劳动合同法》的修改提供有益的借鉴。

关于劳动法的调整对象问题,常凯的观点是,以前,我国劳动法的调整对象主要局限于个别劳动关系。[②] 随着中国劳动关系开始发生集体化转型,我国劳动法在调整对象上也发生了转变。具体来说就是,在市场经济下,我国劳动法将调整个别劳动关系作为基础,将调整集体劳动关系作为主线,将调整社会劳动关系作为目标。其中劳动关系从属性是调整个别劳动关系的起点,集体劳动关系主体之间的对等性是调整集体劳动关系的载体,最终目的是促成社会劳动关系的和谐与稳定。为了适应中国劳动关系、劳动法治的集体化转型,劳动法学基础理论和研究体系也亟须进行相应的更新与调整。概言之,我国劳动法学的基础理论及研究体系应当将调整个别劳动关系作为基础,将调整集体劳动关系作为中心。这对中国劳动法学科体系的发展而言意义深远。

关于我国劳动法律制度对社会经济发展反作用问题,以及劳动法的公法属性和私法属性之间的动态平衡问题,冯彦君认为,民法与劳动法之间有天然的关联,二者之间发展变迁的历史过程具有延续性和丰富性。[③] 劳动法和民法历史渊源有很大程度的重合,即使是现代劳动法的独立发展,也不能彻底否定其对一些民法基本精神的继承性。因此,无论是从法律制度未来发展的角度,还是从法学研究进一步发展的角度,民法和劳动法之间都存在诸多可以互相借鉴的领域。而劳动法和民法成为两个独立的法律部门,取决于二者之间的变异性。劳动法的变异过程与劳动法的独立过程几乎保持同步,是"法律社会化"和"私法公法化"的演进过程。由此可见,法律必须顺应社会经济的发展变化而作出相应的调整。推动法律不断完善发展的力

---

① 董保华:《我国劳动关系解雇制度的自治与管制之辨》,载《政治与法律》2017 年第 4 期。

② 常凯:《劳动法调整对象再认识与劳动法学科重构》,载《法学论坛》2012 年第 3 期。

③ 冯彦君:《民法与劳动法:制度的发展与变迁》,载《社会科学战线》2001 年第 3 期。

量,是社会经济发展对法律发展的需求,这也是法律保持生命力的关键所在。法律制度之间是相互影响、相互作用的,促进我国劳动法制的完善和发展,推动我国劳动法学理论研究领域的繁荣,必要且紧迫。

针对劳动法律规范的宗旨以及劳动法学理论研究的范式问题,林嘉、邓娟的观点是,对劳动法学科进行纵深研究离不开劳动法范式理论,要想形成劳动法学研究的路径和评价标准,就必须对劳动法的范式演变过程展开研究。① 我国劳动法在发展过程中依次经历了劳动法范式前时期、劳动法范式确立期和劳动法范式转变期。30年来,受学科定位、立法宗旨、立法技术、利益平衡等多种因素的共同影响,我国劳动法在发展过程中被赋予了新的时代意义,完成了劳动法学研究范式的转变过程。具言之,从学科定位的角度,完成了从国家本位向社会本位的转变;从调整方式的角度,完成了从政策调整向法律调整的转变;从价值选择的角度,确认和强化了对劳动者进行倾斜性保护的立法宗旨;从调整模式的角度,完成了从单一模式向个体自治模式、团体自治模式与国家强制模式有机共存的转变。

虽然与以经济学视角分析劳动法相关问题的学者在研究方法和理论框架的选择上有所不同,但以法学视角展开研究的学者在关注的核心问题方面与前者并不存在实质性的差异。陈俊洁提出关于对我国目前两套劳动执法体制功能的质疑以及对其未来应然状态的构建思路,其核心关注点仍然是劳动关系主体的法律救济途径及救济效率;②董保华认为平衡管制与自治是完善我国解雇制度的关键,表面上是对劳动合同解除问题的理论关注,究其根本还是在于劳动者就业利益维护与用人单位激励的平衡问题;③常凯在研究转型时期的劳动关系问题时,无论是其对"合作""趋同"等转型时期劳动关系发展趋势的分析预判,还是对转型时期集体劳动关系的格外关注,归根到底也是在寻找转型时期劳动关系各方主体之间的利益分配模式;④冯彦君、张颖慧强调民法与劳动法的关系,关注劳动法律制度的发展与变迁,重点仍然是劳动关系主体之间的利益分配问题及其对社会整体利

---

① 林嘉、邓娟:《论我国劳动法范式的转变》,载《政治与法律》2009年第7期。

② 陈俊洁:《我国劳动执法体制功能的失位与重塑》,载《政法论丛》2015年第3期。

③ 董保华:《我国劳动关系解雇制度的自治与管制之辨》,载《政治与法律》2017年第4期。

④ 常凯:《劳动法调整对象再认识与劳动法学科重构》,载《法学论坛》2012年第3期。

益的影响；[①]林嘉、邓娟说明了劳动法学研究中范式理论的发展在学科纵深研究方面的现实意义和理论价值，其强调的重点落脚于对劳动者进行倾斜性保护的立法原则和对劳动者合法权益的有效维护。[②] 概言之，我国基于法学视角的劳动法研究虽然涉及面较为广泛，研究成果也颇为丰硕，但也呈现出了分散性关注与系统性研究欠缺并存的特点。

四、新制度经济学视角研究劳动关系相关的文献评述

随着新制度经济学在我国学术界的兴起和发展，一些学者开始用新制度经济学的相关理论和分析方法来研究劳动关系领域的重要问题，认为新制度经济学就是用经济学的方法来研究制度的经济学。

关于劳动者实现劳动权的问题，李雄认为，在我国，劳动权是宪法赋予劳动者的基本权利。[③] 随着我国市场经济的发展和改革开放的不断深入，有必要对"农民工"的劳动权主体地位进行确认。对"农民工"而言，要想合法权益得到有效保障，就必须先对其劳动权的主体地位进行确认，这也是让"农民工"分享我国社会经济成果的重要依据。因此，应当依法确立"农民工"的劳动者身份，在立法、执法、司法等各个层面对"农民工"的合法权益进行有效维护。

关于与无固定期限劳动合同相关的法律强制性条款的效率问题，吴元元认为，与无固定期限劳动合同有关的讨论，涉及一个重要的法理学命题，即法律规则的建构应当遵循其内在的制度逻辑。[④] 以法律经济学的研究视角，《劳动合同法》及其配套实施的实施条例中与无固定期限劳动合同相关的强制性条款并不能有效保障劳动者的职业稳定权，不仅如此，这些强制性条款还有损害劳动者就业权的隐忧，对利益再分配造成了消极影响，集中体现在其对就业数量和就业质量的影响方面。由于人力资本的特殊性，从技术上很难对其实现有效的监督和准确的计量，对"不能胜任工作"等常见的劳动合同解除条件很难进行量化分析和客观评价。由于相关证据不具备可

---

① 冯彦君、张颖慧：《"劳动关系"认定标准的反思与重构》，载《当代法学（双月刊）》2011年第6期。

② 林嘉、邓娟：《论我国劳动法范式的转变》，载《政治与法律》2009年第7期。

③ 李雄：《劳动权保障与制度重构》，载《现代法学》2006年第5期。

④ 吴元元：《劳资契约安排的制度逻辑——无固定期限劳动合同的法律经济学重读》，载《现代法学》2009年第1期。

观察性和可检验性,这就可能导致劳动法律制度失灵。从可执行性标准来看,《劳动合同法》所规定的用人单位合同解除抗辩权很难在司法实务中实现。因此,面对劳动力市场中劳动力结构性供给失衡的情况,为了对用人单位进行激励、维护稳定的劳动关系以及节省司法成本,应当帮助劳动者提高职业技能,增强其不可替代性,提高企业在具体劳动关系中的退出成本,促使劳动关系双方主体作出理性选择。

关于劳动者待遇利益实现的基础——劳动者最低工资标准问题,盛龙飞认为,最低工资标准可矫正劳动力社会成本从而促进实现经济效率。[①]如果企业使用劳动力而不进行足额的补偿,那么社会整体将为企业的生产活动付费。个别劳动者与雇主谈判能力不对等以及劳动力市场不完全竞争是诱发劳动力社会成本的重要因素。矫正劳动力社会成本是政府进行劳动力市场规制的重要依据。最低工资迫使企业承担足额的劳动力成本而非转嫁给社会整体从而实现经济效率。

关于工会在维护劳动者利益方面的功能和价值问题,邵思军的观点是,全球化背景下,应当从历史发展的宏观视野以及对比西方产业关系演变过程的视角,来探讨当代中国劳动关系发展路径的问题。[②]以此为基础,强调我国的工会制度改革不能脱离中国特色社会主义市场经济的基本实际。工会制度改革的重点是要完善激励机制,增强工会组织在劳动者中的认可度,方能有效发挥其维权功能。

关于劳动争议和纠纷的责任分配问题,汪华亮认为,替代责任是对自己责任原则的突破,其目标在于使侵权行为的社会总成本最小化。[③]在合同关系中,替代责任的效率主要取决于合同当事人的控制程度、支付能力和风险倾向这三个核心要素,并受到交易成本、制度成本和当事人意思自治的影响。由此构建的经济分析模型,可以包容和改进关于替代责任的现有理论,并可以为立法和法律解释提供参考。根据这一经济分析模型,基于劳动合同、劳务合同的替代责任是有效的,而基于承揽合同的替代责任是无效的;

---

① 盛龙飞:《最低工资、劳动力社会成本与经济效率——一个制度经济学分析框架》,载《浙江社会科学》2012 年第 12 期。

② 邵思军:《全球化背景和历史视野中的中国劳动关系发展途径——兼议工会改革》,载《劳动关系》2013 年第 9 期。

③ 汪华亮:《基于合同关系的替代责任——一个法律经济学视角》,载《法商研究》2015年第 1 期。

在其他合同关系中,也可以运用经济分析模型来分析替代责任的效率问题。

国外学者关于新制度经济学的有关研究和理论成果,为我国当前法经济学研究领域的探索和发展提供了必要的研究思路和理论基础。具体到我国劳动法律制度相关领域,如上所述,也有部分学者开始尝试运用经济学的分析方法来研究劳动法的有关问题。李雄关于"农民工"地位的探讨,本质上是论证拓展劳动关系主体即劳动者之外延的合理性和必要性;①吴元元关于无固定期限劳动合同之法理与效率的质疑,其实是在围绕劳动者两大核心利益即就业利益与待遇利益的偏重问题开展经济学上的论证;②盛龙飞关于最低工资标准对降低劳动力社会成本问题的论证,实际上就是在探索企业成本承担与社会成本承担之间的分配机制问题;③邵思军关于工会改革路径探索的落脚点还是在劳动关系主体之间的博弈与制衡;④汪华亮试图用经济学模型来分析合同关系的替代责任问题,具体到劳动关系领域,其研究重心也无外乎劳动关系主体合法权益受到不法侵害时的法律救济问题。⑤

由此可见,对与我国劳动法所调整的劳动关系相关的问题进行经济学分析已然是很多学者的共同选择。虽然目前在研究的深度和广度方面均有待进一步突破,但已经积累了一定的学术成果。与此同时,本书也关注到,很多学者在对劳动关系相关问题进行经济学研究时,多着眼于某一个具体的视角,虽然论证明确而深入,但在某种程度上也难免因为过于关注某一个方面而失于对劳动关系相关问题进行体系化和全局性的把握,未能对照动态发展变化中的劳动关系对我国现行的劳动法律制度进行系统的梳理和分析,可能是造成上述研究困境的一个重要原因。鉴于我国劳动法律规范与其现阶段实施效率严重不匹配的现实情况,本书认为有必要对我国劳动法

① 李雄:《劳动权保障与制度重构》,载《现代法学》2006 年第 5 期。
② 吴元元:《劳资契约安排的制度逻辑——无固定期限劳动合同的法律经济学重读》,载《现代法学》2009 年第 1 期。
③ 盛龙飞:《最低工资、劳动力社会成本与经济效率——一个制度经济学分析框架》,载《浙江社会科学》2012 年第 12 期。
④ 邵思军:《全球化背景和历史视野中的中国劳动关系发展途径——兼议工会改革》,载《劳动关系》2013 年第 9 期。
⑤ 汪华亮:《基于合同关系的替代责任——一个法律经济学视角》,载《法商研究》2015 年第 1 期。

律规范中的一些强制性条款进行系统的经济学分析,运用经济学的理论基础和研究思路来论证这些强制性条款的供给效率问题,以期为认定与调整新型劳动关系的法律制度构建略尽绵力。

第三节　研究思路及方法

一、研究思路

首先,本书根据我国互联网经济发展的现状,界定了互联网经济中新型劳动关系的内涵,厘清这种新型劳动关系与传统劳动关系相比较所具有的新特征。并在此基础上分析新型劳动关系的风险类型以及司法裁判中对新型劳动关系的风险分配情况,指出现行劳动法律规范调整这种新型劳动关系表现出滞后与不足的原因,是传统劳动关系的从属性认定标准已经不适应新型劳动关系的发展需要,有待突破和优化。

其次,在对与传统劳动关系从属性判定标准相关的强制性条款进行成本分析的基础上,重塑优化新型劳动关系从属性判定标准的价值指引,并在该指引的基础上优化新型劳动关系从属性认定标准的测评体系。

最后,对我国现行法调整新型劳动关系的效率进行分析,提出可行性的立法建议和对策,以期降低交易成本,实现相关制度安排的卡尔多-希克斯效率。

二、研究方法

(一)规范分析法

互联网经济作为伴随着互联网技术突破而生的一种新型经济模式,其中蕴含的劳动关系与传统经济模式中的劳动关系相比产生了变异。本书运用规范分析方法对这种变异的新型劳动关系产生的必然性、变异的特质、蕴含的风险以及现有主要劳动法律规范对其进行认定与调整的效率进行研究,指出我国现有劳动法律规范在认定新型劳动关系方面其从属性标准的不适合性,给出应当如何优化从属性认定标准的原则;同时指出现有法律规范在调整新型劳动关系方面权利配置的低效率性结论,并进一步分析现有法律规范调整新型劳动关系低效率性的成因,给出优化和创新现有法律制度安排的对策与建议。

（二）实证分析法

从理论研究和司法裁判的争议焦点来看，传统劳动关系的从属性认定标准已经不能对互联网经济中的新型劳动关系进行有效认定，亟须优化新型劳动关系从属性认定标准的测评体系。本书运用实证分析方法来确立优化新型劳动关系从属性认定标准的价值指引。由于现有数据在量和频率方面的欠缺，且无法实现相关数据之间的替换，不能完成有效的检验和回归。基于经济发展与劳动关系主体之间相互作用原理的共通性，本书扩大了数据搜索的范围，运用 VAR 模型实证检验了我国宏观经济发展、企业、劳动者之间的动态平衡关系。通过检验可以看出，居民消费价格指数（CPI）、上证指数（Index）、工业增加值（Industry）、城镇居民的平均可支配收入（Income）与宏观经济景气指数（Hongguan）之间均存在互相影响、互相作用的关系，任何一个变量发生改变都会对其他变量造成冲击和影响。根据检验结果，给出优化新型劳动关系从属性认定标准的价值指引。

第四节　内容及结构框架

为了研究我国新型劳动关系的认定与调整并且试图构建可以有效释放我国互联网经济发展潜在收益的劳动法律制度，本书的章节安排和框架结构如下：

第一章是绪论。阐释了背景及意义，对相关文献进行梳理及评价，介绍研究方法、创新和不足。

第二章是新型劳动关系认定与调整问题的理论依据。首先界定了互联网经济中新型劳动关系的内涵及研究范围，以马克思主义和西方经济学的有关理论为依托构建了分析框架。其中，涉及马克思主义的相关理论主要包括三个方面的内容：（1）马克思的异化劳动理论及马克思关于人的全面发展的理论；（2）马克思关于劳动关系的理论；（3）马克思历史唯物主义的相关理论。上述理论对本书的指引作用在于：调整新型劳动关系的相关法律制度安排应当立足于中国仍处于社会主义初级阶段的基本国情，根据现阶段互联网经济的发展水平以及对其未来发展轨迹的科学、合理的预测，构建一种既能激励互联网企业持续发展又能规制其在发展过程中的短视行为，既能维护劳动者合法权益又能限制其权利泛化的有效的劳动法律制度，使服务于其中的劳动者充分共享互联网经济快速发展的成果，尽量克服劳动异化的消极后果。本书涉及的西方经济学的相关理论主要包括:(1)科斯的交易成本和产权理论;(2)波斯纳的效率标准及风险防范理论;(3)激励理论。上述理论对本书的指引作用在于:构建调整新型劳动关系的相关法律制度安排时,应当以增进社会财富为出发点,克服因信息不对称而导致的"逆向选择"或"道德风险"等不利后果,致力于降低交易成本,寻求法律制度供给的卡尔多-希克斯效率。

第三章是新型劳动关系的特质及风险分析。正是互联网经济的兴起与发展引起了我国劳动关系的变异:新的经济业态催生了新型劳动关系,新型劳动关系具有不同于传统劳动关系的新特征,并由此产生了一系列新风险。通过分析我国有关新型劳动关系风险分配的典型案例,指出法院之所以在新型劳动关系的认定问题上表现得保守或不确定,是因为我国现有劳动法律制度在调整新型劳动关系问题上存在诸多不足与缺位,法律供给不足或低效。而这种法律供给的低效率,归根到底是因为传统劳动关系的从属性认定标准在互联网经济时代缺乏解释力。

第四章是优化新型劳动关系的认定标准。为了优化新型劳动关系从属性认定标准的测评体系,从我国当前劳动法律规范中与从属性相关的强制性条款的立法目的、对劳动关系认定标准的影响以及守法成本与违法成本这三个维度来进行考察,通过构建 VAR 模型对相关变量进行实证检验,确立了优化劳动关系从属性认定标准的价值指引,并分析了我国现行法中与劳动关系从属性认定相关的强制性条款的功能与局限。在此基础上,根据新型劳动关系中主体核心利益的新变化,完成了对新型劳动关系从属性认定标准测评体系的优化。

第五章是调整劳动关系的主要法律制度的效率分析。本章节分别分析了《劳动法》《劳动合同法》《劳动争议调解仲裁法》对新型劳动关系中的互联网企业进行激励与规制的效率不足,对互联网经济中劳动者就业利益、待遇利益和救济利益进行保护方面也存在低效率性。通过对这些问题的理论分析,为实现相关法律制度在调整劳动关系上的效率提供对策和建议。

第六章是有效认定与调整新型劳动关系的对策与建议。构建有效认定新型劳动关系的法律制度时必须贯彻如下原则:在理论上优化新型劳动关系的认定标准、在立法上明确新型劳动关系的认定标准、在实践中执行新型劳动关系的认定标准;构建有效调整新型劳动关系的法律制度时必须贯彻如下原则：在政策层面明确新型劳动关系主体的核心利益、在立法层面确认新型劳动关系主体的核心利益、在执法层面落实新型劳动关系主体的核心利益；另外，应当通过发挥政府的干预功能、加强行业自治以及媒体的舆论引导等途径构建有效的新型劳动关系风险防范机制。以上对策与建议的目的是维护互联网经济中新型劳动关系的和谐与稳定，促进互联网经济的发展。

最后是本书的结论。对互联网经济中新型劳动关系进行有效的认定及调整，既关系到社会的和谐与稳定，又关系到互联网经济的持续健康发展。唯有通过现行劳动法律制度的优化创新才能提高互联网经济中新型劳动关系认定及调整的效率。

第五节　创新与不足

一、创新

（一）研究视角创新

目前现有文献几乎都是从法学视角研究互联网经济中新型劳动关系的认定与调整的，本书从法经济学的视角来分析我国劳动法律制度对互联网经济中新型劳动关系的认定与调整，不仅兼顾以往研究中对法律制度的公平与正义的价值理念，而且把经济学的核心价值理念即效率注入其中。着重分析了法律制度在认定和调整互联网经济中的新型劳动关系时，如何通过界定互联网企业与劳动者的权利边界来有效促进社会财富最大化。关于相关研究中效率的评价标准，本书采用了卡尔多-希克斯效率标准。

（二）理论分析创新

在分析互联网经济中新型劳动关系的新特质和新风险时，对互联网经济中的劳动权范畴进行了新界定，并进一步分析了这种新型劳动关系主体核心利益的新变化。互联网经济中劳动权范畴的新界定包括四个方面的内容：从理念上讲，互联网经济中的劳动权在发展理念方面有了进一步的拓展；从性质上讲，互联网经济中的劳动权在社会权属性上有所削弱，在自由权属性上有所加强；从法益上讲，互联网经济中的劳动权是物质利益、人身利益和人格利益的有机统一；从机能上讲，互联网经济中的劳动权蕴含着倾斜性保护与平衡协调共同调整的内在要求。据此分析了这种新型劳动关系主体核心利益的新变化。互联网经济中劳动者的核心利益诉求集中在更加丰富的就业资源、更加自主的劳动方式、更加及时的劳动报酬和更低成本的救济机制;互联网企业的核心利益诉求则集中体现在更加自由的发展空间、更加灵活的用工模式和管理方式、更有效率的资源配置方式和利益分配机制和更加合理的风险防范机制。

（三）新型劳动关系从属性认定标准的测评体系创新

运用 VAR 模型对与市场、企业、劳动者相关的变量进行实证分析,并根据实证检验结果确立了优化这种新型劳动关系从属性认定标准测评体系的价值指引。运用该价值指引分析了现有劳动法律制度中从属性认定标准的不足以后,优化了新型劳动关系从属性认定标准的测评体系,即构建一个对影响劳动关系从属性的多种要素进行综合考察的更为灵活、开放的劳动关系从属性测评体系。具体而言,可将考察要素分为"从属性"要素、"劳动关系主体"要素。"从属性"要素包括管理要素、收益分配要素,对"从属性"要素进行考察时,要排除与从属性不具有直接因果关系的表现形式的干扰。考察"劳动关系主体"要素是为了突破传统劳动关系在主体界定方面的桎梏,排除从属性的测评障碍,主要包括四个方面的内容:一是允许劳动者参与社会资源的重新整合与配置。二是在不损害劳动者核心利益的前提下,允许互联网企业与劳动者约定利益分配模式。三是考察消费者与互联网企业和互联网中从业人员之间法律关系的相对性,如果消费者直接与互联网企业发生法律关系,则倾向于认为具有从属性;如果消费者直接与从业人员发生法律关系,则倾向于认为不具有从属性。四是实行举证责任倒置。这种相对灵活、开放的测评体系能够更加全面地对是否具有从属性进行考察,从而能更有效地对互联网经济中的新型劳动关系进行认定,为劳动法律制度对这种新型劳动关系实现有效调整做好理论和技术准备。

二、不足

因为在研究时间和文献整理方面的局限性,笔者对新型劳动关系认定与调整问题的研究还存在一定的不足,主要表现在以下两个方面:一方面,随着互联网经济的不断发展,新型劳动关系将一直处于发展变化之中,其内涵和外延也将随之发生相应的改变。本书在优化新型劳动关系认定标准和调整新型劳动关系的利益保护机制方面得出的观点和结论可能存在一定的局限性,有待进一步深入研究。另一方面,对与劳动关系从属性相关的强制性条款进行经济学分析,是本书进行的理论探索,可能与劳动仲裁和司法裁判结果之间存在偏差,有待实践的进一步检验。

第二章 新型劳动关系认定与调整问题的理论依据

第一节 新型劳动关系内涵及研究范围界定

一、新型劳动关系的内涵界定

随着互联网经济的蓬勃发展,无论是在理论界还是在实践中,"劳动关系"这一概念的外延和内涵都必然会发生相应的调整和变化,反过来,这种调整和变化了的劳动关系又会反作用于互联网经济的发展。我国现行《劳动法》《劳动合同法》《劳动争议调解仲裁法》等调整劳动关系及其争议解决和权利救济的法律规范,其所调整的非互联网经济下的劳动关系,本书均称之为"传统劳动关系"。这些法律规范无一例外地对传统劳动关系中的劳动者予以较大力度的倾斜性保护而对"用人单位"进行较为苛刻的限制。这是一种基于用人单位与劳动者之间的不平等地位而对法律关系主体予以不平等保护的制度设计,其立法意图是以牺牲一定程度的形式公正来寻求最大限度的实质公正。然而,互联网经济的迅速发展打破了工业化时代以来传统劳动关系的长效期与稳定化的管理模式,使得主体之间力量对比发生了很大的变化,现有法律制度对传统意义上劳动者的许多倾斜性保护条款在某些方面因缺乏现实性基础已不再成为立法之必要。这种变化的根源在于互联网经济的发展带来了劳动关系这一重要社会关系内涵的拓展。

一个概念的内涵得以拓展,意味着该概念的属性有了更为广泛的表现形式或存在方式。劳动关系最重要的属性即其从属性。本书认为,在互联网经济中催生的劳动关系,在从属性方面已经有了诸多改变和突破,为了研究与表述的便利,本书将我国互联网经济中产生的具有一系列新特质的劳动关系界定为"新型劳动关系",为了避免论述中与传统劳动关系的相关概念发生混淆和模糊,用"互联网企业"指称新型劳动关系中的"用人单位",将新型劳动关系中的劳动者称为"互联网经济中的劳动者"。

二、研究范围的界定

关于"互联网＋"时代的经济形态,有人形象地将其描述为把各种传统产业"＋"到互联网平台上来。这种形象的描述凸显了互联网平台的开放性、共享性与包容性,也充分体现了互联网经济的复杂性和多元性。互联网经济的复杂性和多元性,决定了其所决定的社会关系的复杂性和多元性。为了讨论的便利,本书将研究范围限定在"互联网＋传统服务产业"的范围内,"互联网＋交通"(如网约车)、"互联网＋餐饮"(如美团、饿了么等)是其最典型的形态。本书主要分析《劳动法》《劳动合同法》《劳动争议调解仲裁法》这三部主要劳动法律,针对其不足与局限,给出有效认定与调整这种新型劳动关系的对策与建议。

第二节　马克思主义的相关思想及理论

一、马克思的异化劳动理论及马克思关于人的全面发展的理论

(一)马克思的异化劳动理论

马克思在批判吸收黑格尔异化理论[①]和费尔巴哈异化理论[②]的基础上,跳出他们只对社会现象进行描述的局限,直接对事物内部的本质联系进行剖析。最早提出异化劳动理论的,是马克思所著的《1844年经济学哲学手稿》。以资本主义异化劳动理论为基础,马克思进一步阐释了资本主义社会

[①]　黑格尔在《精神现象学》中使用了"异化"概念。他认为,异化是精神异化,包含有两层含义:(1)向对立面的转化。他写道:精神或意识的辩证运动过程,就是把"自己变成他物、变成它自己的对象和扬弃这个他物的运动",及"先将自己予以异化,然后从这个异化中返回自身"。这样,异化就包含了对象化、外在化、异己化的内容,但没有同对象化区分开来。(2)"绝对观念"外化为"压迫性的""吞食他(指主体)"的力量,因而使异化取得了这样的内容:主体自身活动的产物反过来成为制约、压迫自己的一种力量。参见黑格尔:《精神现象学》,贺麟等译,商务印书馆1979年版,第23页。

[②]　费尔巴哈认为上帝是人的本质的异化。在他看来,人把自己的本质、形象分离出来,投射到上帝身上,创造了宗教,而宗教产生后,又反过来控制、支配人自身,成为统治自己的异己力量,人反而向自己的创造物屈膝下跪,顶礼膜拜。参见费尔巴哈:《基督教的本质》,载《费尔巴哈哲学著作选集》(下卷),荣震华等译,生活·读书·新知三联书店出版社1962年版,第324页。

中私有财产的来源及本质。该理论在《政治经济学批判大纲》和《资本论》中予以进一步阐释和完善。

在《1844年经济学哲学手稿》中,马克思首先从两个方面考察了实践的人的活动即劳动的异化行为并得出异化劳动的两个规定。第一个规定:资本主义社会中雇佣工人与其所创造的劳动产品之间的异化关系,雇佣工人无法拥有其通过自身劳动所创造的产品,该产品反而成为支配将其创造出来的雇佣工人的一种异己的力量;第二个规定指的是资本主义社会中劳动本身的异化,对雇佣工人来说,劳动成了一种与其本身脱离的东西,雇佣工人被其自身的劳动所束缚,劳动是雇佣工人谋生的手段而不是乐生的目的,马克思将其界定为一种自我异化。以这两个规定为基础,马克思进一步得出了关于异化劳动的第三个规定,人与类本质相异化,包括自然界与人相异化、人的精神的类能力与人相异化,此时,自然界和人的精神的类能力只是人的维持生存所必需的手段。马克思并没有止步于此,以上述三个规定为基础,马克思又进一步总结了第四个规定:人与人之间产生对立的关系,即人与他以外的人相异化。①

从以上马克思劳动异化理论的表述中,我们不难推断出一个关于劳动的价值评价问题,即非异化的应然状态是:人通过劳动创造出来的产品应该为人本身所用,与人统一,而不是与人背离甚至对立、敌视乃至奴役。如马克思在《1844年经济学哲学手稿》和《资本论》中所说的那样,人创造出来的劳动工具乃是人之肢体的一种延长,它们帮助人去征服自然,生产出产品以供劳动者享受。如此,人与其生产的产品之间的关系就不存在异化,而是有机统一的和谐的主客关系。反之即异化。换言之,马克思提出劳动异化理论的目的是找到其根源并指出异化是可以被克服甚至消灭的。这一理论对解释和解决我国在社会主义初级阶段发展中产生的诸多问题具有重大指导意义。互联网经济是我国经济社会发展到现阶段的必然产物,如何让人民尤其是服务于其中的劳动者充分共享互联网经济快速发展的成果,克服劳动异化的消极后果,正是在构建和谐劳动关系中的重要命题。

(二)马克思关于人的全面发展的理论

马克思提出的"三大社会形态"理论框架,是其提出人的全面发展理论

---

① [德]马克思:《1844年经济学哲学手稿》,中共中央马克思、恩格斯、列宁、斯大林著作编译局编译,人民出版社2014年版,第52页。

的依托。马克思对"三大社会形态"的描述,记载于《1857—1858 年经济学手稿》中:第一阶段的社会形态被马克思表述为"最初的社会形态",在"最初的社会形态中",人的生产能力低下,人只能在狭窄范围实施生产活动,并且这些生产活动的发生地点相对孤立,比较分散,这一阶段的社会形态已经被第二阶段的社会形态所取代了。马克思在第二阶段的社会形态中强调了人对人以外的物的依赖,以对人以外的物的依赖性为基础,人才得以获得独立性,在第二阶段的社会形态中,社会物质交换开始普遍形成,全面的关系得以建立,多方面的需求逐渐产生,全面的能力体系开始构建,这一社会形态是当时正在发生的社会形态。第三阶段的社会形态以第二阶段的社会形态所创造的条件为其形成基础,在这一阶段的社会形态中,人可以获得自由个性,而实现人的个性自由需要具备两个基础,即个人的全面发展、社会共同生产能力成为社会共同财富。①

由此可推,马克思对从属于第二大社会形态的资本主义社会的批判,是其提出人的全面发展理论的重要基础。该批判主要针对资本主义社会中的个人在能力方面的畸形、片面的不健康的发展方式,而导致这种畸形、片面发展方式的正是资本主义社会生产过程中的强制性劳动分工和劳动异化。② 但批判并不意味着马克思对资本主义这一人类社会发展阶段的全盘否定,相反,他客观地承认资本主义在人类社会发展中的必然性和历史意义。这一点在马克思评价李嘉图关于资本主义生产观点的时候有直观体现,马克思评价说,李嘉图关于资本主义的生产观点是其学说中很出色的部分,资本之所以能存在,是因为其能推动社会生产力的发展,而资本所肩负的历史任务,也是推动社会生产力的发展。从这个意义上讲,资本客观上为"更高级"的社会生产形式的产生奠定了物质基础。③ 并且,马克思还评价道,若只对资本主义生产进行单独考察,忽略过度竞争和流通过程中可能造成的浪费,资本主义生产能节约已经凝结在产品中的死的劳动,与此同时,却又大大浪费人的活劳动,包括对人的血、肉、大脑、神经等的极大浪费。而对于这种浪费,在马克思看来,是以对个人发展的极大浪费为代价,来换取

---

① 《马克思恩格斯全集》(第 46 卷)(上),人民出版社 1979 年版,第 104 页。
② 《马克思恩格斯全集》(第 42 卷),人民出版社 1979 年版,第 29 页。
③ 《马克思恩格斯全集》(第 25 卷),人民出版社 1979 年版,第 288～289 页。

人类整体的全面发展。① 由此可见,资本主义发展与"人的全面发展"之间的辩证关系可以作如下概括:客观上,资本主义发展积累了空前的物质财富,对人类整体的全面发展起到了推动作用,只是在这个过程中,要优先实现人类的全面发展,就必然付出个人的全面发展被牺牲的代价,而个人的全面发展需要的被牺牲在资本主义社会的发展过程中不仅无法避免,甚至是统治阶级为维护自身利益的有意为之。正是马克思在关于如何实现个人的全面发展与全社会一切人的全面发展之间统一的问题上一直不懈追求和强烈憧憬,这一思想体系才得以在历史长河中历久弥新,具有强大的生命力和广泛的解释力,更是构建中国特色社会主义理论体系的重要理论资源。具体到本书,我们应当把互联网经济中新型劳动关系的认定与调整问题置于中国特色社会主义进入新时代的大背景下来开展相关研究,秉承马克思关于人的全面发展的理论,将持续发展互联网经济与建立和谐的新型劳动关系有机统一起来。

需要注意的是,研究马克思关于人全面发展的理论及异化劳动理论,并希望在新型劳动关系的认定与调整问题研究方面获得相应的理论指引,就不能脱离马克思提出、发展该理论的历史背景。当时的欧洲社会正在完成从商品社会向资本社会的过渡,资本以前所未有的效率推动了欧洲社会财富的快速增长。与此同时,资本的迅速扩张也直接导致了社会关系的简单化与趋同化,冲击着当时社会的固有秩序和生活传统,几乎瓦解和压制了社会秩序多元化的需求。彼时,资本唯效率马首是瞻与社会要求实现公平正义俨然背道而驰,效率原则与公平原则的冲突并没有随着财富的增加而有所缓解,反而愈演愈烈。正是在这种时代背景下,马克思提出了人的全面自由发展理论及异化劳动理论。了解这个时代背景对研究新型劳动关系的认定与调整问题意义深远。习近平总书记在党的二十大报告中强调,全面建成社会主义现代化强国,总的战略安排是分两步走:从 2020 年到 2035 年基本实现社会主义现代化;从 2035 年到 21 世纪中叶把我国建成富强民主文明和谐美丽的社会主义现代化强国。未来五年是全面建设社会主义现代化国家开局起步的关键时期。互联网经济必然会带来社会关系的极大改变,而劳动关系在诸多社会关系中与互联网经济的持续发展关系最为密切,直接影响民生和社会稳定。一方面,互联网经济要保持强劲的自生能力,成为

---

① 《马克思恩格斯全集》(第 25 卷),人民出版社 1979 年版,第 105 页。

全面建成小康社会决胜期的重要推动力量；另一方面，又要防止这种新型经济业态在快速增长过程中可能导致的片面发展及异化。资本追逐利润的天性决定了仅凭互联网企业的自觉和社会责任感不能实现二者兼而顾之，劳动者又因为相对互联网企业的天然弱势地位而很难仅仅凭借自身努力就能实现他们对公平价值的巨大需求。这就要求调整新型劳动关系的法律制度安排应当立足于互联网经济发展与整个社会发展进步之间的内在联系，立足于实现劳动者全面发展与我国经济社会发展之间的本质关联，在效率中推进公平，又通过公平反过来促进效率，张弛有度，力求实现和谐劳动关系与互联网经济发展之间的动态平衡。

二、马克思关于劳动关系的理论

马克思对"劳动力"的定义是其劳动关系理论展开的前提。在马克思看来，资本由货币转化而来，并且货币向资本的转化过程只能在流通领域中进行，却又不能在流通领域中实现。换言之，要转化为资本的货币的价值变化只能从商品的消费中产生。而要从商品的消费中取得价值，货币占有者就需要在市场上找到一种特殊的商品即劳动力。在《资本论》中，马克思将劳动力定义为活的人的智力和体力的总和。在此基础上，进一步指出了要使货币占有者在市场上找到作为商品的劳动力，应该具备两个基本条件：第一，劳动力占有者对其劳动力拥有所有权，亦即劳动力占有者在人格属性上是自由的，可以实现自身对其劳动力的支配，可以依其自由意志出卖、让渡其劳动力。第二，劳动力占有者不拥有生产资料，对劳动力占有者而言，其除了自身劳动力以外一无所有，生产资料与劳动力之间发生分离，劳动力被视为一种商品。[①]

基于以上分析，马克思总结出其所处的资本主义时代所具有的特点，对资本主义社会中的雇佣工人而言，劳动力被商品化了，资本家购买雇佣工人的劳动力，所以，雇佣工人的劳动就符合雇佣劳动的形式。至此，以商品形式表现出来的劳动产品得以普遍化。马克思将资本主义劳动关系表述为雇佣关系，通过市场交易来达成劳动力与生产资料结合的方式似乎满足形成平等关系的条件。但是，因为劳动者与生产资料的分离，资本家与工人之间本质上是强制与被强制、剥削与被剥削的关系。可以说，这是资本主义劳动

---

① 《资本论》(第 1 卷)，人民出版社 2004 年版，第 194~197 页。

关系中应该给予劳动者倾斜性保护的理论渊源。

1844 年年初,恩格斯在其发表的《政治经济学批判大纲》中,通过考察劳动与资本之间的对立关系,分析地租、资本和劳动之间的内在联系,指出造成资本和劳动分裂的根源是私有制。该书虽然已经提到资本积累、利润来源、利润与利息之间的关系等,但其研究尚未深入资本的本质以及资本生产过程。1845 年,恩格斯完成了《英国工人阶级的状况》的撰写,开始用实证的研究方法和充分的论证来阐释英国的劳资关系。这些构成了马克思主义劳资关系理论的必要准备。

就在同一时期,马克思开始将资本主义社会的异化劳动理论与劳资对立问题结合起来研究,通过前者来揭露后者。这就标志着马克思主义劳资关系理论已经萌芽,但未能说明劳资对立的经济根源。到了 1847 年,马克思在《哲学的贫困》和《雇佣劳动和资本》中,进一步分析了劳资关系、资本的本质以及剩余价值的来源。这表明马克思已经从资本主义生产关系的层面来研究劳资关系。他指出随着资本的快速增长,雇佣工人的工资收入也随之增加,与此同时,资本家与雇佣工人之间的贫富程度、社会地位等之间的差距也在不断扩大。一方面,资本对劳动的支配能力越来越大;另一方面,劳动依赖资本的程度也大大加深了。[①]

直到 19 世纪 60 年代初期,马克思才对劳动之于资本的从属性进行系统的阐释,该理论解释了在资本主义的不同发展阶段,劳动之于资本的从属关系是一个动态发展的过程。具言之,劳动从属于资本经历了从形式从属到实际从属的转变过程,分别对应了资本主义发展的初期阶段和成熟时期。作为社会关系范畴的劳资关系,其发展变化取决于资本主义生产力的不断发展,相对剩余价值的充分生产是这种转变发生的基础。马克思在资本主义再生产的过程中来考察劳资关系问题,深刻分析资本主义经济发展的过程,表征着其在劳资关系理论研究方面已经形成了一定的体系。而《资本论》第一卷的出版发行,则标志着马克思主义劳资关系理论已经成熟,该理论在《资本论》第二卷、第三卷中得到进一步的完善和发展。

马克思主义劳资关系理论历史性地对 19 世纪 40 年代至 60 年代如火如荼的欧洲工人运动提供了理论指导,向工人阶级揭示了资本主义的剥削本质,让工人明确了自身在劳资关系中的地位,找到了工人承受经济剥削和

---

① 《马克思恩格斯选集》(第 1 卷),人民出版社 1972 年版,第 372 页。

政治压迫的根源,由此指出了工人阶级推翻资本主义制度的正当性和必然性。这正是马克思劳资关系理论的阶级性和历史性特征。另一个特征是其短暂性,或称为暂时性。既然劳资关系是在资本主义发展阶段中产生的,而资本主义发展阶段的宿命是消亡,因此资本主义劳资关系最终也必将走向消亡,起决定作用的依然是社会生产力的充分发展。马克思指出,在资本主义以后的社会,因为消灭了雇佣劳动,自然也就不存在劳资关系了。

马克思指出,劳资关系的本质是资本对雇佣劳动的剥削关系。这是马克思通过对资本主义生产领域进行考察之后得出的结论。这一剥削过程被资本家描述成他们不过是理所应当地在生产过程中消费了其所购买的劳动力商品。马克思犀利地指出,生产过程中发挥决定性功能的是雇佣工人的劳动力。[①] 以马克思的观点,当资本家占有雇佣工人一天劳动力的使用时,其支付的仅仅是维持该雇佣工人一天劳动力的对价。但问题是,这个对价与雇佣工人一天所创造出来的劳动产品的价值相比,是远远不够的。马克思由此揭露,这种劳动力的对价与雇佣工人让渡其劳动力而创造出来的劳动产品的价值之间的不匹配,是因为资本家人为合并,混淆了雇佣工人的劳动力和社会生产资料。[②] 正是因为这种不匹配,剩余价值据此产生。此时,劳动市场上资本家和工人之间的自由平等交换关系实际上已转化为不平等的资本主义生产关系,资本和雇佣劳动之间本质上就是剥削与被剥削的关系。

为了更加深入地论证资本与雇佣劳动之间剥削与被剥削的关系,马克思进一步阐释道,剩余价值产生的源泉并且是唯一源泉就是可变资本,二者之间的比率,则显示了资本对雇佣劳动的剥削程度。为了从剩余价值论的视角深入研究劳资关系,马克思还考察了工人的工资。劳动力的价值或价格正是通过工资才得以具体化的。在此,马克思区分了劳动和劳动力,并据此揭露了一个事实:雇佣工人的工资被其劳动所掩盖,并不能真实地反映其劳动力的价值或价格。资本家用货币关系掩盖雇佣劳动为资本创造剩余价值的真相。而实际情况却是,雇佣工人在生产过程中付出其劳动,而其劳动所创造出来的价值,远远高于其劳动力的价值,即工人的劳动同时创造了劳

①　《马克思恩格斯文集》(第 5 卷),人民出版社 2009 年版,第 226 页。
②　《马克思恩格斯文集》(第 5 卷),人民出版社 2009 年版,第 227 页。

动力的价值和剩余价值。这就是资本得以剥削雇佣劳动的根源。①

　　马克思对劳资关系理论的研究并没有止步于此,他以发展的观点通过阐释资本主义社会资本积累的规律延伸了劳资关系在资本主义社会的发展及变化趋势:社会财富越增长,与之规模和能力相匹配的雇佣工人(无产阶级)的数量和劳动生产力也随之增加,这意味着可供资本家支配的劳动力后备量也在随之增长。而可供资本家支配的劳动力后备量的过剩会导致失业,失业的人失去出卖其劳动力从而被资本家剥削的机会,只能陷入贫困。马克思认为这是资本积累过程中的绝对的、一般的规律。这个绝对的、一般的规律必然导致资本主义社会中社会财富分配的不公正、不平等,正因为如此,在资本主义社会中,社会财富的增加与贫富差距之间呈现出正相关的关系。虽然随着资本主义经济社会的不断发展,雇佣工人的待遇在不断提高,可以享受到更多与其生产生活相关的权利,也是资产阶级为了维持其统治地位、保证其可以持续获得更多的剩余价值而进行的相应调整,并不能从根源上消除劳资之间的剥削本质。

　　综上所述,马克思主义对劳资关系理论的研究离不开对资本主义生产关系的阐释。在资本主义社会中,资本对劳动的剥削关系是劳资关系的本质。随着资本主义社会经济的不断发展,这种剥削本质不仅不会发生改变,随着社会财富的不断增长,资本对劳动的剥削程度还会更深,只是在表现形式上会有所不同。因此,资本主义社会劳资关系的对立本质不会改变。马克思认为,这个问题只有在社会主义社会中才能找到答案。这对本书开展新型劳动关系的认定与调整研究具有重要的理论指引作用。研究我国当前互联网经济中的新型劳动关系,不能脱离我国仍处于并将长期处于社会主义初级阶段的基本国情。必须正视的是,现阶段,我国生产力的发展水平还远远没有达到可以让劳动者实现自由劳动的程度,劳动关系还将长期存在。但是我国的劳动关系与资本主义劳资关系之间有本质的区别,劳动者与用人单位之间应当是合作共赢、共享成果的关系。具体到当前互联网经济领域,之所以劳动者与互联网企业之间存在着诸多问题,是因为互联网经济的快速发展导致其中的劳动关系从形式到内容都发生了不同于传统劳动关系的诸多改变,相应的制度安排又因为滞后性和局限性而无法及时对这些改变进行有效的规范和调整。如何立足于中国正处于并将长期处于社会主

---

　　① 《马克思恩格斯文集》(第5卷),人民出版社2009年版,第619页。

初级阶段的基本国情,构建以必要倾斜性保护为前提的、能达成互联网经济中新型劳动关系的和谐与稳定、促进互联网经济持续发展的劳动法律制度,正是本书将要进行的理论探索。

三、马克思历史唯物主义的相关理论

费尔巴哈的唯物主义思想代表了马克思之前唯物主义发展的最新成果,但是在社会历史理论领域,费尔巴哈却秉持历史唯心主义的观点。也正因为如此,马克思从黑格尔走向费尔巴哈,又最终离开并超越费尔巴哈,划时代地完成了历史唯物主义理论体系的创立,在人类思想发展史上影响深远。在《关于费尔巴哈的提纲》中,马克思深刻批判了费尔巴哈历史唯心主义的观点,并开始酝酿形成一种崭新的世界观。《关于费尔巴哈的提纲》受到了恩格斯的高度赞扬。恩格斯将这份匆匆写成的本意是用来供以后研究、根本就没有打算付印的笔记誉为非常宝贵的、蕴含着关于崭新的世界观的文件。① 这里所说的"新世界观",指的正是马克思的历史唯物主义观点。马克思的历史唯物主义观点在《关于费尔巴哈的提纲》中萌芽,在《德意志意识形态》(马克思、恩格斯合著)中发展壮大、走向成熟,标志着历史唯物主义理论体系创立至此已经完成。

历史唯物主义所蕴含的基本观点和基本立场可以在以下论述中找到答案:与唯心主义历史观不同的是,唯物主义历史观是以现实历史的视角,通过对物质实践的研究来阐释各种观念形态的。② 这也是马克思、恩格斯在日后的相关研究中一以贯之的原则。在该原则的统领之下,社会存在与社会意识之间的辩证关系,两大基本规律(生产力与生产关系、经济基础与上层建筑)的矛盾运动原理,以及人民群众是历史的创造者,三者共同构成了马克思历史唯物主义观点的主要内容。

《德意志意识形态》中更多以抽象的、概念的形式呈现的历史唯物主义观点在《资本论》中得到进一步的验证与拓展,解释力广泛而生动。比如,在《资本论》中,马克思解释了什么是劳动过程的"三要素"。③ 并且,在《资本

---

① 　[德]恩格斯:《路德维希·费尔巴哈和德国古典哲学的终结》,1888 年单行本序言,载《马克思恩格斯选集》(第 4 卷),人民出版社 1995 年版,第 211～213 页。

② 　《马克思恩格斯选集》(第 5 卷),人民出版社 1995 年版,第92页。

③ 　《资本论》(第 1 卷),人民出版社 2004 年版,第 208～209 页。

论》中,马克思通过对商品价值和剩余价值运动的深刻分析来阐释物质生产和生产力是社会存在之基础的原理:"活的劳动"而非流通领域的交换活动,[①]创造商品价值和剩余价值,人类的一切其他活动(如精神活动、政治动、宗教活动等)都被排除在商品生产范畴以外。因此可以说,所有社会活动的物质基础都是由劳动者提供的。

对马克思历史唯物主义理论的梳理对开展新型劳动关系的认定与调整问题研究具有深远的理论指引作用。我国现阶段的新型劳动关系是由当前互联网经济的发展水平决定的,此时,应当及时根据生产力的发展水平对其所对应的生产关系进行调整,使之适应、促进而不是妨碍生产力的发展。具体到本书,就是要试图构建这样一种践行马克思历史唯物主义观点的法律制度:根据现阶段互联网经济的发展水平以及对其未来发展轨迹的科学、合理的预测,建立一种既能激励互联网企业持续发展又能规制其在发展过程中的短视行为,既能维护劳动者合法权益又能限制其权利泛化的有效的法律制度。希望通过这样的制度设计,实现互联网企业和劳动者之间的良性互动、合作共赢,构建互联网经济中的和谐劳动关系,共同促进互联网经济的持续发展。

第三节　西方经济学的相关理论

一、科斯的交易成本和产权理论

作为新制度经济学的先驱,科斯在《企业的性质》一文中,为了解释企业存在的理由及企业在经济活动中所承担的职能,引入了"使用价格机制的成本"(cost of using the price mechanism)、"通过在公开的市场上进行交易、开展业务的成本"(cost of carrying out a transaction by means of an exchange on the open market)、"市场成本"(marketing cost)等概念。这些概念描述的就是科斯以及很多经济学家后来所称的"交易成本"。科斯用交易成本来说明企业为什么存在:"市场的运行是有成本的,通过形成一个组织,并允许某个权威(一个'企业家')来支配资源,就能节约某些市场运行成本。企业家不得不在较低成本状态下行使他的职能,这是鉴于如下的事实:他可以以低于他

---

① 《资本论》(第 3 卷),人民出版社 2004 年版,第 311 页。

所替代的市场交易的价格得到生产要素,因为如果他做不到这一点,总可以再回到公开市场。"①所以,在科斯看来,企业存在的经济学理由是因为存在市场交易成本。科斯的交易成本理论在本书的研究问题上有很强的解释力。互联网经济发展迅速,离不开互联网企业强大的自生能力。在"互联网＋"平台上,互联网企业发展势头强劲的一个重要原因,就是通过这些互联网企业将分散的有潜在输出劳动需求的个体囊括到互联网企业的内部来由企业统一调配、组织,这就大大降低了单个个体与市场分散的消费者之间的信息搜索成本和每一笔交易都需要单独讨价还价的谈判成本。而应当构建什么样的法律制度,使其既能帮助互联网企业降低交易成本,又能维护劳动者的合法权益,在激励与制约方面寻找平衡,有效应对新型劳动关系认定与调整过程中出现的各种问题,正是本书努力探索的方向。

后来,科斯在《社会成本问题》中专辟章节对市场交易成本进行了考察和阐释,并且明确指出,"本书的主旨在于说明应该用什么样的经济学方法来研究问题"②。此处的"问题",结合科斯的研究领域,应广泛涉及"制度"。科斯认为,如果假定市场交易的成本为零,通过市场进行合法权利的重新安排会导致产值的增加。但是这种零交易成本的假设在实际市场交易中是不可能存在的。那么在考虑交易成本的前提下,满足什么样的条件才能进行权利的重新安排呢？科斯的回答是:"一旦考虑到进行市场交易的成本,那么显然只有这种重新安排后的产值增长多于它所带来的成本时,权利的重新安排才能进行。"如果权利重新安排后的产值增长少于它所带来的成本,就需要由法律制度来确认合法权利的初始界定,使一种权利安排的产值高于其他安排的情形,以提高经济制度运行的效率。

可见,科斯定理所说的交易成本,是以产权已经确立为前提的,因产权确立而发生的成本,不计算在科斯所指的交易成本的范围以内。科斯第一定理表述的是假设交易成本为零,则无论初始权利如何界定,都能导致有效率的资源配置结果。而科斯第二定理则进一步指出,当交易成本不为零时(实际上市场交易中交易成本为零的情况是不存在的),权利的初始配置对

---

①　[美]罗纳德·H. 科斯:《企业、市场与法律》,盛洪、陈郁译校,格致出版社、上海三联书店、上海人民出版社 2004 年版,第 33 页。

②　[美]罗纳德·H. 科斯:《企业、市场与法律》,盛洪、陈郁译校,格致出版社、上海三联书店、上海人民出版社 2004 年版,第 94 页。

于资源配置的效率会产生重要影响。由于现实世界中产权的确立成本和交易成本都不可能为零,因此就可能存在很多尚未达到效率标准的权利配置情况,而事实也正是如此。

科斯定理在法律经济学中有极其重要的地位,是法律经济学理论基础的主要框架,几乎在所有的与法律经济学有关的著作中,都能找到对科斯定理的阐释和运用。正如波斯纳所概括的那样,在其巨著《法律的经济分析》中,科斯定理发挥着"主旋律"的重要影响。因此,科斯定理是法律经济学掌握的关键之所在。[①] 虽然科斯定理并非出自科斯本人的总结,可能与科斯的原意有所偏差,但其之所以被广泛传播及使用,关键就在于科斯定理直接指出了交易成本以及交易成本与产权安排之间的关系。通过科斯定理,我们能看见交易成本对制度安排效率的影响,这就为在经济活动中进行有效的制度安排提供了指引。具体到本书的研究范围,我们在设计调整新型劳动关系的相关制度安排时,始终要向降低交易成本的方向去努力,提高资源配置的效率。

二、波斯纳的效率标准及风险防范理论

科斯说过,"在我看来,这门学科分为两个部分,而且这两部分已日趋分离。一部分是运用经济学分析法律,即法律的经济分析,波斯纳法官为该领域做出了最大贡献"[②]。其实,在法经济学发展的过程中,科斯进路和波斯纳进路一直都广受关注。根据科斯的概括,科斯进路侧重于研究法律系统的运行会对其所调整的经济系统运行产生何种影响,科斯认为,如果通过法律系统的运行,降低了经济系统运行的交易成本,则认为该法律制度是有效率的,反之,则是低效或无效的。[③] 而波斯纳进路指称的是对法律的经济分析。所谓法律的经济分析,一般被认为是"以经济学概念和工具去揭示法律中蕴含的经济逻辑"[④]。波斯纳在其巨著《法律的经济分析》(上)的开篇中即指明:"本书的写作是建立在经济学是分析一系列法律问题的有力工具这

---

① 钱弘道:《法律经济学的理论基础》,载《法学研究》2002 年第 4 期。
② 〔美〕道格拉斯·G. 贝尔德:《法经济学的展望与未来》,吴晓露译,史晋川校,载《经济社会体制比较》2003 年第 4 期。
③ 〔美〕道格拉斯·G. 贝尔德:《法经济学的展望与未来》,吴晓露译,史晋川校,载《经济社会体制比较》2003 年第 4 期。
④ 张建伟:《法与金融学:路径依赖与金融法变革》,载《学术月刊》2005 年第 10 期。

一信念基础之上的。"①贯穿于波斯纳进行法律的经济分析全过程的一个核心思想就是"效率"思想。

波斯纳认为，"通过这一自愿交换的过程，资源将被转移到按消费者的支付意愿衡量的最高价值的使用之中。当资源在被投入最有价值的使用时，我们可以说它们被得到了有效率的利用"②。波斯纳用效率来表示资源配置达到价值最大化时的情形，换言之，如果一项资源配置的结果是该资源使用的价值最大化，那么就认为该配置是有效率的。同时又考虑到效率作为社会决策伦理准则时的局限性，波斯纳表示，虽然不会将效率作为社会选择的唯一有价值的选择，但是依然会将效率作为社会选择的一个重要准则，甚至可能是最重要的准则。

波斯纳所说的效率并不是帕累托效率。他认为帕累托效率被限定在纯粹的自愿交易条件下，交易双方都被假定掌握充分的信息，并且该交易对其他任何第三人都不会造成影响，这对现实经济活动的指引是有限的。因此，"这一效率在现在看来已非常苛刻，而且对现实世界的可适用性很小，因为大多数交易（如果不是一种单一交易，就是一系列可能的交易）都会对第三方产生影响，如果仅仅是通过改变其他物品的价格"③。考虑到我们所处的现实世界里不太可能具备实现帕累托效率的条件，信息获取的成本过高使得信息充分的条件很难满足，交易成本为正（交易成本为零的情况只存在于理论假设中）又使得充分的竞争难以实现。而效率概念的应用又如此广泛，波斯纳在进行法律的经济分析时所指称的效率是卡尔多-希克斯效率。只要通过交易获得的总收益大于该交易给第三者造成的总成本，换言之，通过交易获得的收益足以补偿其所带来的损失，就认为该交易符合卡尔多-希克斯效率。判断社会资源再分配是否有效率，只需要考察因此而获利的人所获得的利益是否足够补偿那些从中亏损的人的利益。这种考察是一

---

①　[美]理查德·A.波斯纳：《法律的经济分析》（上），蒋兆康译，林毅夫校，中国大百科全书出版社1997年版，第3页。

②　[美]理查德·A.波斯纳：《法律的经济分析》（上），蒋兆康译，林毅夫校，中国大百科全书出版社1997年版，第12页。

③　[美]理查德·A.波斯纳：《法律的经济分析》（上），蒋兆康译，林毅夫校，中国大百科全书出版社1997年版，第16页。

种对效率应然状态的考察,并不要求该补偿实际完成。① 如果实际得到补偿,就可以认为这个关于社会资源再分配的制度改进实现了帕累托改进。

在比较两种效率时,波斯纳进一步指出,由于帕累托最优意义上的效率概念依赖于财富的分配,所以该效率并不能成为社会利益的最终准则。根据科斯定理,当交易成本为零时,个人之间的谈判可以促使卡尔多-希克斯效率转变成现实中的帕累托效率。而交易成本不为零时,则可能使得潜在的帕累托改善无法兑现。波斯纳认为,卡尔多-希克斯方法与财富最大化方法具有同样的含义。效率最大化就是财富最大化,而"财富使之成为可能的那些东西——不仅有奢侈品,还有闲暇、现代药品,甚至包括哲学知识——都是大部分人幸福的组成部分,所以财富最大化是效用最大化的工具"②。从这个角度来看,效用最大化的实现可以通过财富最大化的实现来完成,当二者统一时,社会福利最大化就得以实现。由此,效率与正义就在伦理上实现了统一,实现效率不再是牺牲正义的另一种说法。效率最大化暗合了正义实现的标准,因为从财富最大化的视角来看,对一个社会来说,浪费稀缺资源就是最大的不正义。更何况,哲学、伦理意义上的正义标准因其主观性而难以客观量化、测评,而财富最大化是可量化的实现社会福利最大化的重要手段。调整社会关系时,通过法律制度安排实现正义价值与效率最大化或社会财富最大化价值之间应该是共同促进、共生共荣的关系,而不应该是选择与舍弃的对立关系。

关于交易的风险,波斯纳认为经济学不应当鼓励低效率的履约。在违约已经发生的场合,要求继续履行契约在很多情况下可能都是不经济的,不符合效率要求,可能会导致社会资源的浪费,故而他认为只有低效率的终止履约才能被视为违约,所以问题的关键在于如何分配风险。而"契约的一个重要作用是将风险分配给更合适的风险承担者。一旦风险实现,那么分配到应承担责任的那一方当事人就必须对此补偿"③。如何判断谁是"更合适的风险承担者"呢?概括起来讲就是,哪一方当事人的风险预防成本更低,

---

① [美]理查德·A. 波斯纳:《法律的经济分析》(上),蒋兆康译,林毅夫校,中国大百科全书出版社 1997 年版,第 16 页。

② [美]理查德·A. 波斯纳:《法律的经济分析》(上),蒋兆康译,林毅夫校,中国大百科全书出版社 1997 年版,第 16 页。

③ [美]理查德·A. 波斯纳:《法律的经济分析》(上),蒋兆康译,林毅夫校,中国大百科全书出版社 1997 年版,第 152 页。

就将该风险发生的不利后果分配给哪一方当事人。

以"风险的可预测性"原则为例,如果契约中只有一方当事人知晓某项风险可能发生,那么另一方当事人就没有义务对可能发生的该项损失承担法律责任。这就会促使明知风险可能发生的一方当事人主动采取适当的预防措施去防范风险,或者当他认为另一方尚不知情的当事人是更有效率的风险预防或承担者时,主动向对方当事人告知相关情形、请求其防范或承担风险并向其支付对价,将风险防范或承担成本降到最低。这便产生了以最有效率的方式分配风险的激励。

由此可见,新型劳动关系认定与调整问题中要解决的效率问题(对互联网企业和劳动者的双向激励与规制问题)和风险防范问题都能从波斯纳的效率理论和风险防范理论中找到指引。构建适应并能促进互联网经济发展的相关法律制度安排,寻求该领域法律供给的卡尔多-希克斯效率改进,是新型劳动关系认定与调整问题研究的重点和难点。

三、激励理论

关于激励,按美国行为科学家弗鲁姆的界定,只有在集中或者是自主控制下的行为才能叫作被激励。这种界定被认为触及激励理论的本质和核心,被广泛应用于不同学科领域的激励理论研究之中。

管理学上的激励理论呈现出二元结构的特点,杜柏林对此这样界定:"激励(motivation)包含两个不同却又相互联系的概念。从个人角度来看,激励是一种个人状态,可以激发个体追求目标的动力;个人激励影响了(个人工作的)起始状态、方向、强度和持久力。从管理者角度来看,激励是使人追逐目标的过程。这两个概念是有共同点的。从个人的角度来看,如果个人自发为实现某种目标而付出了努力,我们就认为这是激励。虽然这种激励是个人自动努力的结果,但通过其领导团队或管理者的帮助,可以帮助其激发动力,而其领导团队或管理者也具备这样的能力。"[①]这就表明了管理学意义上激励理论的两个维度:分别为表征个人状态的激励概念和表征管理者通过各种方式激发个人努力追逐目标的过程的激励概念。很多学者在理论研究中都对这种二元结构的激励理论进行了阐释,比如从个人状态的

---

① 〔美〕安德鲁·J. 杜柏林:《管理学精要》(第 7 版),胡左浩、郑黎超译,电子工业出版社 2007 年版,第 252 页。

角度出发,认为激励是一种对个体行为具有较强的推动力的某种意愿或激活状态,而该意愿或状态是个体自发的、主动的追求结果。[①] 也可以将其理解为"引起个体产生明确的目标指向行为的内在动力"[②]。从管理者通过各种方式激发个人努力追逐目标的过程,激励也可以被认为是一种心理过程,在这个心理过程中,能够促使个体去作出自愿行为以实现目标,[③]或者该心理过程能让行为人受到持续的向上的激发,[④]又或者是在这个过程中,行为人的某些需求获得了满足,因此其主动性和积极性均被调动起来。[⑤]

由上可见,管理学意义上激励概念的界定在一定程度上构成了管理学上激励理论研究的基础性共识。与此不同的是,经济学视角的激励理论更多去关注实现激励的构成要素及实现该理论的经济功能。经济学视角的激励理论认为导致激励问题产生的基本因素有两个,即目标的差异性和信息的分散性。因此可以认为,在经济学意义上研究激励理论就是为了解决当事人之间因目标不一致或信息分散化而导致的效率受损,换言之,经济学家努力的目标是,充分发挥激励理论的指引作用,构建相应的制度来克服经济活动中因信息分散化或目标不一致而产生的不利影响,从而达到降低成本、提高效率的目的。

在法学领域,激励功能是法律制度实施的一项重要功能。通过法律规定行为主体的权利和义务以及违反义务可能产生的不利法律后果,来引导和鼓励行为人保持法律认可的状态、实施法律希望行为人实施的行为。关于法律制度的激励功能,付子堂和张维迎分别提出了行为规范说[⑥]和责任规则说[⑦]。前者以管理心理学和组织行为学的相关理论为指引,后者在解释相关法律制度的激励功能时,更强调稳定的、连续的经济学理论模型的构建和运用,在理论研究和实际应用中都更受推崇,本书也认为以张维迎为代

---

① 池丽华、伊铭主编:《现代管理学》,上海财经大学出版社 2008 年第 2 版,第 246 页。

② 俞文钊:《现代激励理论与应用》,东北财经大学出版社 2006 年版,第 3 页。

③ [美]罗伯特·克赖特纳、安杰洛·基尼奇:《组织行为学》(第 6 版),顾琴轩等译,中国人民大学出版社 2007 年版,第 253 页。

④ 俞文钊:《现代激励理论与应用》,东北财经大学出版社 2006 年版,第 3 页。

⑤ 池丽华、伊铭主编:《现代管理学》,上海财经大学出版社 2008 年第 2 版,第 247 页。

⑥ 行为规范说的相关理论详见付子堂所著的《法律功能论》,中国政法大学出版社 1999 年版。

⑦ 责任规则说的相关理论详见张维迎所著的《信息、信任与法律》(生活·读书·新知三联书店 2003 年版),代表了信息经济学派的有关激励理论的观点。

表的信息经济学派的责任规则说在法律制度的激励功能研究方面更有解释力和干预力。责任规则说以理性人假设为基本前提,以效率标准和信息不对称理论①为研究基础,认为激励问题是社会制度需要解决的核心问题,也就是通过激励规则的设计,促使主体作出对自己行为负责的选择。按照责任规则说的观点,帕累托最优的达成条件是主体都能为自己的行为承担全部的责任。作为一种激励机制,法律实施的目的是诱导当事人作出能实现社会最优的选择,而当事人的选择作出这样的行为是因为其完成了其行为外部成本内部化的转变过程,这个过程正是通过配置法律关系主体之间的责任并构建相应的惩罚规则来实现的。②这就要求通过法律制度的规范来调整人们的经济行为时,应当以增进社会财富为出发点,克服因信息不对称而导致的"逆向选择"或"道德风险"的不利后果,引导人们实施有利于降低交易成本、增加行为收益的有效率的活动。

第四节 新型劳动关系认定与调整的分析框架

一、基于马克思主义相关理论的分析框架

用经济学的理论框架和分析方法来分析和解决法律问题是法经济学的重要课题。然而,经济学的理论框架和分析方法在法经济学研究领域往往被限缩解释为西方经济学的理论框架和分析方法。对此,本书认为,马克思主义政治经济学中与劳动关系相关的理论和思想应当作为与我国互联网经济中新型劳动关系认定与调整问题相关的制度构建的理论基础。劳动关系不同于一般的社会关系,其性质取决于一国的政治制度和社会经济发展阶段。我国仍处于社会主义初级阶段的基本国情,决定了我国的劳动关系与资本主义国家剥削与被剥削的劳动关系相比,有着本质的区别。由此,本书基于马克思主义者相关理论和思想的分析框架从以下几个维度展开:

(1)在相关制度安排中要始终践行"坚持以人民为中心的发展思想",对

---

① 可以从两个方面概括信息不对称的基本内容:(1)交易双方的信息分布不对称,一方比另一方掌握更多的信息资源;(2)交易双方均知晓这种信息分布不对等的情形。

② 张维迎:《作为激励机制的法律》,载张维迎:《信息、信任与法律》,生活·读书·新知三联书店 2003 年版。

互联网经济中的劳动者予以必要的倾斜性保护。习近平总书记强调"坚持以人民为中心的发展思想"是马克思主义政治经济学的根本立场。[①] 这一论断就要求在我国社会经济的发展过程中,劳动法律制度安排要始终围绕如何增进人民福祉、如何促进人的全面发展、如何为实现共同富裕而努力来设计,要通过劳动法律制度的规范和调整,来实现互联网经济中和谐劳动关系的构建,促进互联网经济的发展。因此,对互联网经济中劳动者的权益保护和发展诉求进行倾斜性保护,注重对互联网企业的激励始终是构建与互联网经济中新型劳动关系认定与调整相关的法律制度安排时应当遵循的原则和宗旨。

(2)按照马克思历史唯物主义的观点,对互联网经济中劳动者的保护不能脱离互联网经济发展的实际。互联网经济中劳动者核心利益的实现有赖于法律制度安排的倾斜性保护,但保障其利益实现的物质基础在于互联网经济的发展。因此,相关制度安排和设计必须立足于新常态下互联网经济发展的实际。根据对我国现阶段互联网经济发展状况的总结和对其未来一段时期内发展趋势的合理预测,来判断互联网经济中劳动者变化发展着的核心利益诉求以及其与互联网企业之间力量对比的动态平衡,据此构建符合互联网经济中劳动者保护和发展需要的必要倾斜性保护机制。

(3)马克思对资本主义劳动关系理论的相关论述表明,社会主义国家的劳动关系与资本主义国家的劳动关系有本质区别。具体到本书的研究课题,互联网经济中新型劳动关系的双方主体即互联网企业与互联网经济中的劳动者之间,绝不是资本主义劳动关系主体之间剥削与被剥削的关系,而是在对互联网经济中的劳动者进行必要倾斜性保护的前提下,合作共赢、共享互联网经济发展成果的关系,具有广泛的利益一致性。因此,构建与互联网经济中新型劳动关系相关的法律制度安排时,不能以增加互联网企业生产成本、压缩互联网企业发展空间、损害互联网企业合理收益的方式来确保互联网经济中劳动者利益的实现。互联网企业的生存要求和发展要求与互联网经济中劳动者的权益需求和发展诉求之间是互相依赖、互相成就的关系,合理的制度安排应当能够在对互联网经济中的劳动者实现必要倾斜性保护的前提下兼顾二者的核心利益,既有利于维护互联网经济中劳动关系

---

① 参见习近平总书记主持中共十八届中央政治局第二十八次集体学习时的讲话,载《人民日报》2015 年 11 月 25 日。

的和谐与稳定，又能促进互联网经济的增长。

二、基于西方经济学相关理论的分析框架

对与互联网经济中新型劳动关系认定与调整相关的问题进行经济学分析，离不开科斯的交易成本理论、波斯纳的效率标准及风险防范理论和激励理论等西方经济学相关理论的指引。在法经济学发展的过程中，虽然科斯进路和波斯纳进路被认为是开展法经济学研究的两条截然不同的进路，但本书认为进路选择的不同并不意味着选择相关理论指引时需要作出非此即彼的判断，而是可以根据分析具体问题的理论需求有针对性地选择合适的指引。具体到互联网经济中新型劳动关系的认定与调整问题，相关理论指引涉及以下三个层面：

（1）科斯更关注法律系统的运行对经济系统的发展所产生的影响，他认为有效率的法律应当是能够降低市场交易成本的法律。一方面，本书通过对我国现有劳动法律制度中的强制性条款进行守法成本和违法成本的比较分析，判断该法律规范对交易成本的影响，进而作出现有劳动法律制度在新型劳动关系的认定与调整方面是否符合效率标准的判断；另一方面，针对我国现有劳动法律制度在新型劳动关系认定与调整问题方面供给不足的现状，本书拟构建能够适应新型劳动关系认定与调整需要、维护互联网经济中的和谐劳动关系、促进互联网经济增长的法律制度安排。要检验该制度安排在认定与调整新型劳动关系时是否有效率，一个很重要的指标就是检验该制度安排能否降低互联网经济发展中的交易成本。

（2）与科斯进路不同，波斯纳更强调运用经济学的理论和工具去分析法律问题。正如在其著作《法律的经济分析》中所强调的那样，波斯纳在进行法律的经济分析时所指称的效率是卡尔多-希克斯效率。判断社会资源再分配是否符合卡尔多-希克斯的效率标准，只需要考察因此而获利的人所获得的利益是否足够补偿那些从中亏损的人的利益。由此，波斯纳在交易风险的防范方面提出了"更合适的风险承担者"的观点，主张有效率的风险防范机制应当是将该风险发生的不利后果分配给风险预防成本更低的一方当事人。互联网经济中的新型劳动关系产生了诸多新风险，分析风险产生的主要影响因素以后尝试构建新型劳动关系的风险防范机制是本书的重要研究内容。波斯纳的效率标准和风险分配相关理论对本书的制度探索具有重要的指引意义。

　　(3)激励理论对本书的指引主要体现在两个层面：一是分析我国现有三部主要劳动法律对互联网企业进行激励的效率，构建适合新型劳动关系认定与调整需要的法律制度安排时，关注该制度对互联网企业的激励机制；二是注重对互联网经济中劳动者主动寻求法律救济的激励，这就要求相关法律制度安排要充分考虑劳动者的维权成本。

第三章　新型劳动关系的特质及风险分析

第一节　互联网经济的发展引起劳动关系的变异

一、互联网经济的兴起与发展

为了实现两个百年目标,在中国经济新常态下,迫切需要积极寻求新的发展动力。幸运的是,第四次科技革命正在进行,其主要特质是互联网经济的产业化。从这个意义上讲,中国经济新常态与第四次科技革命的推进存在着历史性的契合。当前,随着互联网经济的不断发展,其影响力早已突破了数据产业本身以及众所周知的电子商务领域,拓展、延伸到经济活动各个领域的各个环节。基于互联网经济在推动传统产业结构升级、提升产业自生能力和竞争优势方面的重大影响力,许多国家和地区都将其列入经济发展重要战略的高度,从国家层面予以支持和推进,比较典型的有德国的"工业 4.0",美国的"智慧地球"和"工业互联网",日本将"实现机器人革命"(见于日本的推进成长战略的方针)视为其制造业重构的突破口,而实现机器人革命正是以大数据、物联网和人工智能为依托。这充分体现了互联网经济影响一个国家经济社会发展的深度和广度。

在我国,马化腾是最早使用"互联网+"这一术语的人。马化腾认为互联网平台是"互联网+"的基础。"互联网+"运用其信息通信技术的优势,与各行业实现跨界融合。通过这种跨界融合来实现对产业转型升级的推动,并在此过程中创造出新模式、新业务、新产品,构建起连接一切的新生态。① 阿里巴巴对"互联网+"的界定有所不同。在阿里巴巴的界定下,"互联网+"是可以促进社会经济运行效率提高的动态过程。具体来说,就是

---

① 马化腾:《关于以"互联网+"为驱动推进我国经济社会创新发展的建议》,载《中国科技产业》2016 年第 3 期。

通过广泛应用信息技术、安装和更新信息基础设施以及优化政策、制度等方式,最大限度地传播、分享和创造性地使用各类信息和相关数据。[①] 不难看出,腾讯和阿里对"互联网＋"进行界定时关注点有所不同,腾讯更强调"＋",更看重互联网与其他行业之间的"连接",阿里则更侧重信息及数据在提升经济社会运行效率方面发挥的重要作用。这与两家公司的核心业务紧密关联。

"互联网＋"的蓬勃发展已经越来越广泛地影响到社会经济发展的各个领域,受到国家层面的关注和鼓励。2015 年 3 月,"互联网＋"这一表述正式出现在《政府工作报告》中,并在《2015〈政府工作报告〉缩略词注释》和《国务院关于积极推进"互联网＋"行动的指导意见》中以国家宏观政策的视角对其进行了界定。从国家宏观政策的角度来看,"互联网＋"代表了中国当下的一种新的经济形态。这种新经济形态具有明显的效率优势,互联网对社会生产要素进行优化、集成配置的功能在"互联网＋"中得到了充分的发挥。"互联网＋"使得互联网创新成果与经济社会各领域实现深度融合、交叉,无论是在促进技术进步方面、提升效率方面,还是在组织变革等方面都起到了推动作用,在实体经济创新力、生产力的提升方面也贡献显著。从国家宏观调控政策的目标指向来看,发展壮大"互联网＋"这一新兴业态,肩负着开拓新的产业增长点,为大众创业、万众创新创造良好的环境,为产业智能化进程提供技术支撑,为社会经济发展增加新的动力,以及为国民经济的提质增效升级起到推动作用的重要使命。

在理论界,有的学者将"互联网＋"视为新经济时代的象征,认为中国经济已经进入"互联网＋"时代。[②] 很多学者将"互联网＋"描述性地诠释为互联网加上各类传统产业,常见的有"互联网＋教育""互联网＋农业""互联网＋金融""互联网＋服务"等。"互联网＋"颠覆了传统产业中几乎达成共识的"二八定律"[③],充分关注和挖掘占比高达 80％的小客户的市场空间,打

---

① 马云、曾鸣、涂子沛:《〈互联网＋:从 IT 到 DT〉——国民需了解的新型经济社会发展战略》,载《决策与信息》2015 年第 12 期。

② 洪银兴:《"互联网＋"挑战传统的经济学理论》,载《经济纵横》2016 年第 1 期。

③ "二八定律"指的是,在一个社会中,大约 20％的人掌握着 80％的财富。类似的,在一个行业内,20％的大客户贡献了该行业 80％的收益,因此,传统产业中企业一般只关注20％的大客户。而创造另外 20％收益的 80％小客户则被形象地称为"长尾"。"长尾"其实是统计学中的幂律和帕累托分布特征的形象表达。

造互联网经济的"长尾"优势。因为与传统产业不同,互联网平台在信息搜索、甄别、整理、分析和应用方面的天然优势,使得"互联网＋"能够以较低的交易成本去管理和服务 80％的小客户。这就能够充分拓展市场的深度和广度,发现、整合分散的市场需求,借助互联网经济的信息优势和技术支撑,实现有效的市场供给,使互联网经济保持强大的自生能力。

本书认为,"互联网＋"的内核就是充分发挥互联网在信息技术和资源分享、整合方面的优势,提升传统行业生产资料配置的效率,将分散的社会资源通过互联网平台进行整合与统筹,克服传统产业因信息不对称而导致的发展受限情况,打破传统产业生产过程中的"企业—生产要素—消费者"交流壁垒,履行降低交易成本、提高效率、增进社会财富的时代使命。同时本书也关注到,我国"互联网＋"在呈现蓬勃发展态势的同时,也暴露出了很多矛盾和问题,具体到其劳动关系领域,很多争议的解决都聚焦于劳动关系是否成立、如何认定的问题。而现行的劳动法律制度在这方面表现出了极大的滞后性,尚不能有效调整、规范和解决新型劳动关系中暴露出来的诸多问题,亟待完善和修正。鉴于在关于互联网经济未来的声明中,互联网经济被经济合作与发展组织(OECD)界定为一种受因特网和通信技术所支持的全部社会、经济和文化活动,[①]为了讨论的便利,本书不细化区分互联网经济与"互联网＋"。

二、"互联网＋"时代新型劳动关系形成的必然性

作为一种新型经济业态,"互联网＋"颠覆了传统的生产资源配置方式、产品分销模式和利益分配机制,很大程度上改变了社会生产方式。按照马克思主义历史唯物主义的观点,生产力的改变必然会带来其所决定的生产关系的改变,劳动关系作为一种社会关系,随着互联网经济的发展而不断调整、改变,形成"互联网＋"时代的新型劳动关系,具有必然性。

关于生产要素,马克思认为,"……劳动过程所需要的一切因素:物的因素和人的因素,即生产资料和劳动力"[②]。"互联网＋"时代,无论是物的生产要素还是人的生产要素——劳动者,相较于在"互联网＋"兴起之前的传

---

① 　The Seoul Declaration for the Future of the Internet Economy,Ministerial session. 18 June 2008,http://www.oecd.org/internet/consumerpolicy/40839436.pdf.

② 　《资本论》(第 1 卷),人民出版社 2004 年版,第 215 页。

统产业时代,都发生了巨大的改变。

从范围上看,随着信息技术的发展和科技的不断进步,物的生产要素突破了自然资源和原材料等实物的限制,知识、信息、技术等也被列入生产要素的范畴,其重要程度随着信息化、数据化和智能化的发展而不断加强。从资源配置的结果来看,互联网平台天然的共享优势在一定程度上克服了传统产业进行资源配置时因信息不对称所带来的巨大成本,大大提高了资源配置的效率。互联网平台对分散社会资源的强大搜集和整合能力,改变了传统劳动关系中用人单位由于对生产资料的绝对控制而导致的对劳动者的深度控制。

对于最重要的生产要素——劳动者,"互联网+"的影响力更为深远。首先,降低了劳动者的就业难度。"互联网+"时代,能够"成为劳动者"是一件很容易达成的事情。在传统产业中,劳动者的就业需求和用人单位的用人需求之间常常因为信息渠道不畅通而无法实现有效对接。在传统产业中,无论是管理相对粗糙的职业介绍所还是管理更为正规、高端的猎头公司,抑或是互联网广泛应用之后不断涌现的各种发布招聘信息的网站,无论其从形式到内容如何改变,信息搜索渠道和信息来源如何拓展,最终还是要回归到劳动者与用人单位之间面对面沟通,达成合意以后,通过签署纸质劳动合同确立劳动关系的程序中来。在这个过程中,受到信息渠道的限制,求职者在有限的就业资源和多元化的用工需求面前,常常因为供求无法有效匹配而丧失就业机会。而在"互联网+"时代,互联网平台在用人单位和劳动者之间架起了信息桥梁。劳动者和用人单位之间通过手机 App 等载体即可实现对接,突破了传统劳动力市场中的时空限制,从劳动者的角度来看,是就业资源的极大丰富;从用人单位的角度来看,则是人力资源的充分供给。

其次,促使劳动者素质和地位的提高。传统产业中的劳动者,尤其是在劳动密集型的传统产业中进行流水线操作的劳动者,虽然《劳动法》《劳动合同法》等相关法律法规都对劳动者的职业培训作出了明确的规定,用人单位出于自身发展需要也会对其劳动者进行相关的职业培训,但是随着科技进步和生产工具机械化、智能化的不断发展,传统产业中的劳动者经常面临两大风险:一是类似于马克思所说的"机器排挤工人"的风险,劳动者的生存空间被机械化、智能化的高科技产品所挤压。随着各种功能的机器人和服务终端被投入社会生产的各个环节,客观上使得许多劳动者不得不面临失业的危险。二是程序化的重复劳动和越来越细化的分工导致劳动者的片面发展,劳动者自身抵抗就业风险的能力受限,在就业市场中逐渐丧失讨价还价的资本。基于这些理由,传统劳动关系中的劳动者与用人单位之间的不平等地位因为异化程度的加深而愈加严峻,劳动者的合法权益并不能依法落实,甚至在其合法权益受到非法侵害时,出于就业利益大于待遇利益的考量而选择息事宁人。劳动者与用人单位之间时有发生的对立状态从长远来看,是不利于经济社会的持续发展的。这种矛盾在"互联网+"时代得到了很大的缓解。如前文所述,"互联网+"的实质就是利用不断发展的信息基础设施和以大数据、云计算和物联网为代表的信息技术,依托应用越来越广泛的信息产品和服务,实现互联网与其他传统产业的跨界对接和融合。这本身就对身在其中的劳动者提出了更高的能力要求,在为其提供空前充足的就业资源的同时,也促使劳动者必须提升劳动能力和职业素养,适应这种变化发展了的需要。劳动者能力提升与其地位提高之间具有一定的因果关系,能力提升会增强劳动者在劳动力市场上的综合竞争力,改善劳动者与用人单位之间的不对等程度。

以上互联网经济中的劳动者较之于传统劳动关系中的劳动者地位得到了很大的提升,归根到底是因为互联网经济中的劳动者是互联网经济快速发展的直接受益者。以互联网经济的飞速发展为契机,促使传统产业的经济结构实现优化升级,提高社会资源的优化配置,进一步解放和发展生产力,增加社会财富,是"互联网+"的历史使命。这就必然导致传统产业中的劳动关系随着"互联网+"的发展而不断调整、变化,形成一种能够适应互联网经济发展需要的和谐的新型劳动关系,反过来又促进互联网经济的进一步发展。

第二节 新型劳动关系的特质

可以肯定的是,蓬勃发展的互联网经济正在为当下中国经济的增长注入持久动力,是中国特色社会主义建设走进新时代的强大助力。经过市场检验,"互联网+传统服务行业"的经济模式已然获得了广泛的市场接受度和认可度,并且展现出强劲的发展势头。与之相应的是,与传统劳动关系相比,互联网经济中的新型劳动关系发生了诸多变异。

一、劳动关系多元化

劳动关系规定着劳动者与生产资料所有者之间的经济利益关系。社会生产力的发展变化对劳动关系的产生和发展起到决定性的作用,因此,马克思认为劳动关系这一概念具有历史性。生产资料所有制的性质决定着劳动关系的性质,反过来,劳动关系又在一定程度上对社会产品的分配关系产生影响。[①] 具体到中国的劳动关系,传统劳动关系中的劳动者一般会与某特定用人单位在劳动合同约定的时期内建立相对稳定、单一的劳动关系,同意在劳动合同约定的时间范围内将劳动力归该用人单位所有。此时,该用人单位即依据其与劳动者达成的契约,在法定工作时间内支配、管理和占有该劳动者的劳动力。

本书认为,与传统劳动关系相比,互联网经济中的新型劳动关系呈现出多元化特征。这种多元化特征取决于互联网经济中信息和资源的开放性和共享性。通过互联网平台,劳动者以较低的成本即可获得丰富的就业资源,就业资源的丰富性和可获得性使得劳动者有了空前自由的择业空间,大大降低了其择业成本和再就业成本。以"互联网+餐饮"为例,一个意欲通过互联网平台从事送餐工作的适格劳动者,只需使用一台智能手机(当下智能手机已经普及成为生活必需品,劳动者不必为此而增加成本)下载平台App[②],即可与一家或多家互联网企业建立起劳动关系,而不会受到诸多限制和阻碍。由此可见,多元化的劳动关系意味着互联网经济的发展降低了劳动者的就业成本、择业成本和再就业成本,劳动力这一重要社会生产要素的配置效率得到提高。与此同时,这种多元化趋势也对传统劳动关系中劳动者依法应履行的竞业禁止义务造成了极大的冲击和挑战。

二、劳动关系更具灵活性

较之于传统劳动关系,互联网经济中的新型劳动关系灵活性更强,主要有以下几个维度的表征:

第一,订立劳动合同的方式更加灵活,数据化特征明显。《劳动法》《劳

---

① 彭五堂:《马克思劳动关系理论探析》,载《山西高等学校社会科学学报》2011 年第10 期。

② 常见的与"互联网+餐饮"相关的 App 有"美团""糯米""饿了么"等。

动合同法》中均明文规定了意欲成立劳动关系所应当具备的形式要件：订立书面劳动合同。[①] 需要说明的是，订立书面劳动合同是成立劳动关系的充分条件，并不是必要条件。[②] 本书认为，与订立书面劳动合同相关的强制性条款的立法目的，是以国家强制干预的方式来维护劳动者的合法权益，要求劳动关系双方主体之间订立书面劳动合同是其干预的具体方式。从这个逻辑上来讲，订立书面劳动合同的形式要件是手段而非目的。一个有力的佐证就是，如果仅仅只是欠缺书面劳动合同的形式要求，不会必然导致劳动关系不成立的法律后果，事实劳动关系在司法实务和学理界都被承认和保护。[③] 那么劳动合同除了书面劳动合同以外，当然也应当包括口头劳动合同、事实劳动合同等多种劳动合同类型。

与传统劳动关系不同的是，在互联网经济中，互联网企业与互联网经济中的劳动者之间订立劳动合同的方式更具灵活性，数据化特征明显。互联网企业与互联网经济中的劳动者订立劳动合同时，传统意义上面对面的合同签订过程已经不是订立合同之必经程序。拟在互联网平台实现就业的意向人群可以在其智能手机上完成相应 App 的下载（智能手机的普及流量资费的下降使得此项操作几乎不会给劳动者额外增加成本）。一般互联网企业会在其 App 上设置相关的注册和审核程序，按其步骤提示和要求很容易就能完成注册，例如按要求上传真实、合格的本人身份证明材料、满足岗位匹配的工作证明材料等，各种证明材料通过拍照或上传电子版即可。如果互联网企业在后台审核通过，就表明互联网企业认为被审核者是其拟聘的劳动者。

第二，劳动者的劳动方式更加灵活。传统劳动关系隐含着劳动者与生产资料分离的内容。换言之，在传统劳动关系中，生产资料的成本投入是由

---

① 《劳动法》第 16 条规定："劳动合同是劳动者与用人单位确立劳动关系、明确双方权利和义务的协议。建立劳动关系应当订立劳动合同。"《劳动合同法》第 10 条规定："建立劳动关系，应当订立书面劳动合同。"

② 《劳动合同法》第 7 条规定："用人单位自用工之日起即与劳动者建立劳动关系。"

③ 劳动和社会保障部在《关于确立劳动关系有关事项的通知》（劳社部发〔2005〕12 号）中规定，用人单位招用劳动者未订立书面劳动合同，但同时具备下列情形的，劳动关系成立：（1）用人单位和劳动者符合法律、法规规定的主体资格；（2）用人单位依法制定的各项劳动规章制度适用于劳动者，劳动者受用人单位的劳动管理，从事用人单位安排的有报酬的劳动；（3）劳动者提供的劳动是用人单位业务的组成部分。

用人单位一方负担的,劳动者一般不负担生产资料的成本,只需要向用人单位让渡其劳动力。与此同时,劳动者须按照用人单位规章制度的约束来完成劳动,劳动的期限和场所均有明确的指定。也就是说,关于应当如何提供劳动的问题,劳动者几乎没有自主支配的余地。在此过程中,劳动者与用人单位的关系类似于零部件与运转中的大机器之间的关系,履行与用人单位的契约义务、遵守用人单位的规章制度是劳动者让渡其劳动的前提。

在新型劳动关系中,互联网经济中的劳动者向互联网企业提供劳动的方式更加灵活。这种灵活性包括两个层面的内容:一是生产资料的提供方式更加灵活,突破传统劳动关系中生产资料与劳动者的分离;二是劳动的提供方式更加灵活。互联网经济中的劳动者自备生产资料是新型劳动关系中的一大亮点。以网约车司机为例,许多网约车司机都是利用自己的私家车来从事网约车工作的。这充分体现了互联网平台在整合和优化配置社会生产资料方面的优势,既有利于降低互联网企业的生产成本,又不会给劳动者施加额外的成本。

第三,劳动合同的解除或终止更具灵活性。《劳动合同法》第四章详细规定了传统劳动关系中与劳动合同解除和终止所应当满足的相关条件、应当履行的相关程序及其相应的注意事项。概括起来讲,发生四种情形时,劳动合同得以解除或终止:一是劳动关系主体之间经过平等自愿协商之后达成协议;二是满足法定或约定条件时,用人单位得以单方面解除或终止;三是满足法定或约定条件时,劳动者得以单方面解除或终止;四是满足法定的解除或终止条件。

而在互联网经济中,由于互联网平台具有数据化、便捷化优势,因此解除或终止新型劳动关系的方式也更具灵活性,且这种灵活性同时指向合同双方主体。从劳动者的角度来看,一般情形下,劳动者只需卸载互联网企业的相关 App 即可实现解除和终止双方劳动关系的目的;从互联网企业的角度来看,一旦其停止向劳动者输送工作信息、终止对劳动者分派劳动任务就能达到与其解除劳动关系的效果。新型劳动关系解除和终止的这种灵活性,一方面体现了新型劳动关系中主体之间力量对比的博弈和改变,另一方面也警示着,正是由于现有的劳动法律制度对之不能进行有效的规范和调整,新型劳动关系存在诸多不稳定风险。这种劳动关系的不稳定风险如果不能得到有效防范和规避,就可能增加互联网经济的交易成本,降低资源配置的效率。因此,对相关劳动法律制度供给效率提升的需求就显得格外迫切且必要。

三、劳动关系的从属性趋于弱化

新型劳动关系的从属性趋于弱化与其多元化特征存在一定的因果关系,体现了互联网经济中的劳动者离实现人的全面发展又近了一步,符合我国以人民为中心的发展理念。从某种意义上讲,互联网经济中的劳动者"可以选择"就意味着其"可能自由",也就意味着新型劳动关系的从属性将会以新的形式表现出来,并将趋于弱化。一方面,互联网经济中的劳动者不再局限于互联网企业为其限定的劳动时间和劳动场所,甚至可能不必局限于互联网企业为其规定的业绩指标和劳动方式,而是拥有更多的自主性和选择权。此时,互联网企业不必担心其无法对劳动者实施支配和掌控。劳动者对劳动报酬的主动追求会促使其积极主动地去获得工作机会。正是因为互联网经济中的劳动者在一定程度上获得了参与配置社会生产资料的权利,因此,极大地降低了其被支配、控制的程度。另一方面,互联网经济中的劳动者实现再次就业的机会成本降低,就业信息的丰富性和获得就业信息的便利性客观上弱化了互联网经济中劳动者之于互联网企业的从属性。从这个角度来说,互联网经济中的劳动者较为充分地享受到了互联网技术进步和互联网经济发展的成果。

需要特别说明的是,虽然新型劳动关系的从属性呈现出弱化的趋势,但这并不代表其从属性已经灭失。有学者关注到了新型劳动关系从属性的弱化趋势,比如认为网约车司机接到网约车公司的派单任务后可以凭个体意愿决定是否完成、如何完成该订单,因此认为网约车公司与网约车司机之间的关系不符合传统的从属性认定标准,从而认为网约车司机与网约车公司之间不成立劳动关系。[①] 本书认为,这种现象恰恰彰显了新型劳动关系的从属性:从属性的关键不在于互联网企业能否精准控制劳动者的行为,而在于其是否有能力让劳动者为其行为而承担相应的不利后果。在实践中,互联网经济中的劳动者不服从互联网企业支配和管理的情形主要包括拒单、挑单或不按订单要求提供服务等,作出以上行为的互联网经济中的劳动者必将接受一定的惩罚:互联网企业将根据情节轻重减少对其派单甚至中断对其派单。虽然表现形式各异,减少派单或中断派单实际上意味着工作信

---

①　王天玉:《基于互联网平台提供劳务的劳动关系认定——以"e 代驾"在京、沪、穗三地法院的判决为切入点》,载《法学》2016 年第 6 期。

息减少或中断。这种减少或中断的后果与传统劳动关系中用人单位采取的扣工资、扣奖金等惩戒手段在功能方面有殊途同归的效果，如果互联网企业彻底剥夺劳动者的劳动机会，则相当于将其"开除"。故而本书认为，新型劳动关系的从属性并未灭失，而是以新的形式表现出来，体现了新型劳动关系主体之间力量对比的动态发展过程。[①]

四、劳动者的薪酬支付模式发生改变

新型劳动关系的另一个新特征体现在劳动者获得报酬的方式方面。不同于传统的以"月"（对应月薪制）或"年"（对应年薪制）为周期进行工资结算的薪酬支付模式，互联网企业与劳动者之间执行以单次工作量为节点的"一单一结算"的薪酬支付模式。这也成为互联网企业与网络平台就业者之间不成立劳动关系的论据之一，理由是此时不符合传统劳动关系的从属性标准。讨论于此，本书认为有必要回到马克思关于劳动力价格特殊支付方式的经典论述中去寻找答案。马克思认为，在市场经济中，资本家支付工资与雇佣工人出卖劳动力之间存在时间差。资本家在尚未支付相应对价的时候就已经完成了其对工人劳动力的支配和控制，是先消费后付款，这种时间差本身也体现了资本主义劳动关系的剥削本质，劳动者对资本家的这种强制"信贷"，只能接受，别无选择。[②] 与这种情况存在本质的不同，在互联网经济中，新型劳动关系主体之间改变传统的薪酬支付模式，是因为互联网企业更加及时地向其劳动者支付了报酬，缩短了互联网企业获得劳动力使用价值的时间和其支付劳动力对价的时间间隔。这并不意味着从属性的灭失，而是表征着互联网经济中劳动者地位的提高：新的薪酬支付模式降低了互联网企业恶意拖欠或扣减劳动者工资的风险，也降低了劳动者因互联网企业破产而丧失工资的风险。至于从属性的判定问题，本书认为劳动者获得工资的来源和方式才是其判定是否具有从属性的关键：如果工资的获得是基于劳动者在特定时间按指定方式完成了互联网企业为其分配的工作任务，就不能因其薪酬支付模式的改变而排除从属性，例如网约车司机按照网约车平台的派单指示将乘客安全送达约定位置，并由此获得单笔报酬，就不

---

① 张素凤：《"专车"运营中的非典型用工问题及其规范》，载《华东政法大学学报》2016年第 6 期。

② 《资本论》（第 1 卷），人民出版社 2004 年版，第 202 页。

能据此排除其从属性,还应当综合考察其他要素。

综上所述,与传统劳动关系相比,互联网经济中的新型劳动关系呈现出诸多特质,有其特殊性。本书认为,新型劳动关系的这种特殊性反映了互联网平台促使权利义务在主体之间进行重新分配的功能,外化显示的是主体以互联网平台为依托进行利益博弈的结果。受益于互联网经济的"共享"优势,互联网经济中劳动者的地位提高了,互联网企业的成本也有所减少,但同时也暴露出,由于相关法律制度供给的低效率,新型劳动关系也滋生了诸多新风险,亟须进行相应的调整和规制。

第三节　新型劳动关系的风险

一、新型劳动关系的风险类型

互联网经济中的新型劳动关系在发展过程中滋生了一系列不同于传统劳动关系的新风险。在对社会关注度较高的事件和已有的法院裁判结果进行归纳总结以后,发现互联网经济中的劳动者与互联网企业之间权利义务的分配问题、不利后果分配和责任承担问题、互联网企业的增长利益和互联网经济中的劳动者合法权益的倾斜性保护问题,以及劳动者、消费者的救济问题等是新型劳动关系风险中的常见问题。为了说理的便利,可以按主体对风险进行分类阐释。

（一）互联网企业的风险

互联网经济中的劳动者对互联网企业的认同度和忠诚度下降的风险。在传统劳动关系中,用人单位与劳动者之间建立了一种相对稳定的"一对多"的关系:一个用人单位往往对应多个劳动者,这些劳动者从属于同一个用人单位。对单个劳动者而言,即使是发生兼职工作的情形,无论是基于用人单位管理层面的要求,还是基于劳动者认知层面的优先选择,劳动者也会被动或主动地优先完成该用人单位要求其完成的工作任务。因此,在互联网经济中,这种优先选择和主次关系发生了改变。在实践中,"多对多"是互联网企业与互联网经济中的劳动者之间建立劳动关系的常见模式,一个互联网企业可能对应多个互联网经济中的劳动者,一个互联网经济中的劳动者也可能同时服务于多个互联网企业。没有优先级别的平行关系,互联网企业一般也无法要求互联网经济中的劳动者履行竞业禁止义务。从这个角度来看,互联网企业在一定程度上弱化了对劳动者的掌控,因此可能面临对劳动者间歇性掌控不力甚至劳动力不定期流失的风险。

基于以上原因,对互联网经济中的劳动者而言,这意味着在特定的时间段内,增加了促使其作出将其劳动力让渡给某个互联网企业的选择的机会成本。对互联网企业而言,劳动力是极其重要的生产要素,因此不得不在收益分配方面充分考虑对互联网经济中劳动者的激励,从而导致企业生产成本的增加。[①]

另外一个风险就是企业甄别劳动者真实技能的成本增加了。在传统劳动关系中,用人单位聘用劳动者时有严格的程序规则。通过聘用流程各个环节的考核,用人单位可以直接了解与劳动者简历相关的各种证明材料,通过对笔试结果和面试表现的综合评价,可以较为全面、客观地判断其拟聘人员与岗位要求的匹配程度。然而,在互联网经济中,电子化、信息化和数据化给互联网企业带来巨大便利和效率的同时,也使其丧失了全面考察、综合把关的审查优势。与笔试、面试等传统的考察方式相比,互联网企业的"注册式"审查很难在个人素质、职业技能以及职业道德等方面对互联网经济中的劳动者实现有效评价,很难对因劳动者原因而滋生的风险采取有效的防控措施。这就在客观上增加了互联网企业在劳动者甄别环节的信息成本,同时也增加了管理难度。与之相关,让互联网企业为劳动者的侵权行为负责是否具有正当性,就成了实践和理论中都需要论证的问题。

(二)劳动者的风险

其一,互联网经济中劳动者的收入稳定性下降。与传统劳动关系中的劳动者不同,互联网经济中的劳动者面临保障性工资和福利待遇主张困难的风险。一般来说,互联网经济中的劳动者的工资是"交换性工资"。单从形式来看,互联网经济中的劳动者获得"交换性工资"的方式与劳动力对价学说的"无劳动无报酬"[②]观点有很多匹配之处。但其在内核方面存在本质的不同,新型劳动关系中的"无劳动无报酬"有其特定的社会环境因素以及现实合理性。首先,互联网经济中的劳动者与互联网企业在建立劳动关系时主动性更强,更充分地考虑到了互联网平台的信息优势和选择便利性,因

---

① [美]罗纳德·H.科斯:《企业、市场与法律》,盛洪、陈郁译校,格致出版社、上海三联书店、上海人民出版社 2004 年版,第 28~42 页。

② 王天玉:《工资的对价学说及其法律解释力》,载《社会科学》2015 年第 8 期。

而其选择更接近契约精神和理性人假设。其次,对互联网经济中的劳动者而言,在"多对多"模式下,某互联网企业向其支付的薪酬可能不具有唯一性。与传统劳动关系中的劳动者相比,互联网经济中的劳动者在保障性工资和福利待遇方面遭受的损失已经通过多重薪酬来源而获得补偿,符合卡尔多-希克斯效率标准。最后,在新型劳动关系中,互联网企业也承受了诸多风险。如果无视变化了的新实际,不对互联网企业与传统劳动关系中用人单位进行区分,要求互联网企业也承担传统劳动关系中用人单位对劳动者承担的诸多保障责任,尤其是在发展的初期,超出其负担能力的过高的生产成本可能导致互联网企业丧失发展活力。在利己主义和结果导向的驱动下,互联网企业可能进行消极应对,千方百计钻法律空子,规避《劳动法》《劳动合同法》《劳动争议调解仲裁法》等法律法规的适用。这样既有损我国劳动法律制度的权威,也可能面临有法不依、执法不严的窘境,不能有效维护互联网经济中劳动者、消费者的合法权益。

因此,本书认为互联网经济中劳动者收入稳定性下降风险的背后,反映了互联网企业的发展利益和互联网经济中劳动者地位提高的情形。为了保障互联网经济中的劳动者能够及时获得报酬,并且对本人劳动力的单次对价有相对确定的预期,劳动法律规范应当针对新型劳动关系的新变化及时作出相应的反应和调整。

其二,互联网经济中的劳动者需承担其自备生产资料的磨损、维护和折旧风险。如前文所表,互联网经济中的劳动者自备生产资料,表明劳动者在一定程度上获得了参与配置社会生产资料的权利,这是互联网平台对社会资源尤其是分散社会资源的整合能力和配置能力的重要体现。经过这样的优化和整合,一方面提高了互联网经济中劳动者的地位,另一方面也在客观上降低了互联网企业的生产成本。而硬币的反面就是,整合之后,互联网经济中的劳动者需对该生产资料的磨损、维护和折旧风险负责,客观上冲抵了劳动者的收益。

其三,互联网经济中劳动者的诉求很难有效主张。互联网经济中的劳动者在分布上相对比较分散。与传统劳动关系中的劳动者不同,互联网经济中的劳动者不局限于固定的工作时间和场所,不能因为服务于同一互联网企业而在相互之间建立起以相互了解、配合度高、比较亲密的同事关系,也尚未形成便于传达、主张其诉求的类似工会的组织。因此,互联网企业往往会选择性地忽视单个互联网经济中劳动者的利益诉求。

其四,互联网企业垄断经营的风险。互联网经济中的劳动者的地位有了很大的提高,很大程度上是相对于传统劳动关系中的劳动者而言的。如果比较的对象换成互联网企业,互联网经济中的劳动者在地位上仍相对弱势。一旦互联网企业谋求垄断地位的愿望成为现实,互联网企业与劳动者之间的力量悬殊就会进一步加深。彼时,与互联网企业未取得垄断地位时的状况相比,互联网经济中的劳动者因互联网经济发展和互联网技术进步而获得的地位提升和在就业资源方面的信息优势,将被互联网企业的垄断利益所冲抵。可以预见,互联网企业将在很大程度上获得收益分配模式和风险防范机制的决定权,互联网经济中的劳动者只能被动接受。在这种情况下,如果法律制度的规制和行政部门的监督低效甚至缺位,互联网经济中劳动者的合法权益将很难得到有效维护。[①]

(三)社会第三方的风险

首先,消费者维权困难。《劳动法》《劳动合同法》及其相关司法解释尚未明确规定,互联网经济中新型劳动关系双方主体之间的权利义务安排和归责机制。但互联网经济发展过程中的争议或纠纷不会因为法律制度的缺位而可以不发生、不解决。一旦发生侵犯消费者合法权益的行为,在维权时,消费者极有可能被"踢皮球":互联网企业有偿付能力却缺乏偿付意愿,可能钻相关劳动法律规范缺位的空子,利用其在资源和资本方面的优势聘请律师团队或成立专门的法务部门,否认劳动关系的成立,主张由互联网经济中的劳动者来承担不利法律后果;而互联网经济中的劳动者无论是在赔偿意愿上,还是客观能力上,都很难承受相应的损害赔偿。

其次,增加社会的不稳定因素。在互联网经济的发展过程中,不可避免地会发生各种利益冲突。互联网企业、互联网经济中的劳动者、消费者、社会第三人各方之间发生的各种争议和纠纷都亟须法律的调整和规制。然而,当下我国相关劳动法律规范和政府监管的缺位和滞后,加剧了各方的维权难度,增加了维权成本。而这些争议和纠纷涉及的主体数量庞大且相对分散,涉及各个行业、各个部门。我国坚持以人民为中心的发展理念,民生问题无小事。我们所处的自媒体时代,信息获得和信息传播都极其便利,民生相关问题更可能被夸大或误传,可能还来不及求证或甄别就被迅速扩散。

---

① [美]罗纳德·H. 科斯:《企业、市场与法律》,盛洪、陈郁译校,格致出版社、上海三联书店、上海人民出版社 2004 年版,第 4 页。

因此,如果缺乏符合新型劳动关系发展实际的、统一的认定标准来支撑新型劳动关系的认定问题,这些争议和纠纷就极可能成为影响社会稳定的隐忧,妨碍市场经济的法治建设进程,也与构建和谐社会背道而驰。

最后,互联网企业对谋求市场垄断地位的不懈追求会增加政府的监管成本。在市场经济中,互联网企业基于逐利性的内在驱使,谋求市场垄断地位是其不可能放弃的追求。一个典型的例证就是滴滴平台,滴滴成功收购优步之后,就坐上了中国网约车市场的头把交椅。紧接着,滴滴就在服务定价方面表现出了对垄断利润的追逐。虽然滴滴对其不定期的涨价行为作出解释,强调滴滴是基于市场供求的"计算"结果来调整其车费标准的。普通消费者可能无法检验其"计算"的科学性,但结果就是消费者感觉滴滴出行越来越贵了,"用车高峰"等加价情形频繁出现。在这种情况下,消费者也反复投诉滴滴在服务定价问题上随意增加消费者出行成本的行为,《网络预约出租汽车经营服务管理暂行办法》出台以后也对网约车市场的行为进行了相应的规范,但这些都不足以撼动滴滴平台在中国网约车市场"一家独大"的地位,不能有效干预其自行决定、自己解释的加价行为。由于目前劳动法律规范的缺位,加剧了政府的监管难度,从发展的角度来看,这会干扰网约车行业的有序竞争,增加其交易成本。

本书认为,法律规范和政府监管在新型劳动关系风险防范方面表现出来的双重低效性,究其根源,是互联网经济的发展现状对传统劳动关系的从属性认定标准造成了冲击和挑战。传统劳动关系从属性认定标准在调整新型劳动关系时表现出的局限性,使得新型劳动关系游离于《劳动法》《劳动合同法》《劳动争议调解仲裁法》等主要劳动法律规范及其司法解释的调整范围以外,法律制度供给不足。

二、我国有关新型劳动关系风险分配的司法裁判

新型劳动关系暴露出的上述风险,在司法裁判中能否获得有效的救济呢?笔者登录"中国裁判文书网"(wenshu.court.gov.cn),以"劳动关系""互联网""网约车"为关键词,共搜索出相关裁判文书 8 份,其中有 5 个案件与本章节内容有关,现整理如表 3-1 所示。

表 3-1　与劳动争议相关的网约车诉讼案例

案件名称	司机是否主张成立劳动关系	企业是否主张成立劳动关系	法院是否认定成立劳动关系	法院判决援引的法律、法规及司法解释	保险赔偿额度占其总赔偿金额的比例
张某与北京宏诚伟信劳务服务有限公司、北京通达无限科技有限公司等劳动争议一审民事判决书〔(2016)京0105民初2553号〕	主张成立劳动关系	冠华英才公司辩称与张某签订的是劳务输出合同,否认劳动关系成立;通达无限公司否认劳动关系成立;宏诚伟信公司表示劳动关系已经解除	认定有书面合同证明的阶段成立劳动关系;对无书面劳动合同证明的阶段,表示虽延续以往的工作模式,但"并不必然构成劳动关系"	《中华人民共和国劳动合同法》《中华人民共和国劳动争议调解仲裁法》	不涉及保险赔偿
潘某某、张某某等与北京东方车云信息技术有限公司等机动车交通事故责任纠纷一审民事判决书〔(2017)浙0102民初491号〕	被告储某某主张其与易到平台存在劳动合同关系,要求一审法院根据侵权法的规定,认为应当由易到平台承担责任	在法庭质证环节均否认与储某某成立劳动关系	将二者关系定性为委托代理关系,相应赔偿责任由其认定的委托人承担	《中华人民共和国侵权责任法》《中华人民共和国民法通则》《中华人民共和国道路交通安全法》《最高人民法院关于审理人身损害赔偿案件适用法律若干问题的解释》《最高人民法院关于审理道路交通事故损害赔偿案件适用法律若干问题的解释》《中华人民共和国民事诉讼法》	约为1.6%

续表

案件名称	司机是否主张成立劳动关系	企业是否主张成立劳动关系	法院是否认定成立劳动关系	法院判决援引的法律、法规及司法解释	保险赔偿额度占其总赔偿金额的比例
潘某某、赵某某与上海雾博信息技术有限公司、吾步（上海）软件科技有限公司、中国太平保险集团有限责任公司、中国太平洋财产保险股份有限公司深圳分公司、蓝小青机动车交通事故责任纠纷二审民事判决书［（2018）粤 03 民终 6923 号］	上诉人赵某某主张其作为优步平台的受聘司机，与平台存在雇佣关系	被上诉人雾博公司、吾步公司共同辩称赵某某与雾博公司、吾步公司均未形成雇佣关系，认为两公司是居间方，又指出其与网约车司机之间应为合作关系而非劳动关系	没有对劳动关系是否成立的问题予以认定。认为潘某某与优步平台之间成立运输合同关系，优步平台是承运人，赵某某是运输合同的实际履行人	《中华人民共和国道路交通安全法》《最高人民法院关于审理道路交通事故损害赔偿案件适用法律若干问题的解释》《最高人民法院关于审理人身损害赔偿案件适用法律若干问题的解释》《中华人民共和国民事诉讼法》	因网约车司机擅自改变车辆用途且未办理变更手续，保险公司免责，不涉及保险赔偿
深圳市迪滴新能源汽车租赁有限公司与刘某劳动合同纠纷一审民事判决书［（2018）粤 0305 民初 5659 号］	网约车司机作为被告未到庭参加诉讼	原告深圳市迪滴新能源汽车租赁有限公司主张其与被告之间不存在劳动关系，被告仅向原告承租车辆	法院认为双方不符合劳动关系的基本特征，不具有从属性，不属于事实劳动关系	《中华人民共和国劳动合同法》《中华人民共和国民事诉讼法》	不涉及保险赔偿

续表

案件名称	司机是否主张成立劳动关系	企业是否主张成立劳动关系	法院是否认定成立劳动关系	法院判决援引的法律、法规及司法解释	保险赔偿额度占其总赔偿金额的比例
神州优车（福建）信息技术有限公司、莫某某机动车交通事故责任纠纷二审民事判决书［(2018)粤01民终21418号］	李某某主张其与神州优车公司存在雇佣关系	神州优车公司主张双方是合作关系	法院认为双方之间的关系虽然不具有典型的劳动关系或劳务关系特征，但神州优车公司从李某某驾驶行为中获取了利益，理应对李某某的行为导致的后果承担相应的责任	《中华人民共和国民事诉讼法》	因网约车司机擅自改变车辆用途且未办理变更手续，保险公司免责，不涉及保险赔偿

资料来源：根据"中国裁判文书网"（网址：wenshu.court.gov.cn）公布的资料自行整理。

以上 5 个案例在我国有关新型劳动关系风险分配的司法裁判中具有很强的代表性。对于涉及交通事故责任纠纷的案例，从判决结果来看，法院更倾向于由网约车公司而不是网约车司机来承担网约车运行过程中发生的损害赔偿责任，即使网约车司机在提供服务的时候存在过错。但是在进行裁判说理时，法院并未将是否成立劳动关系作为主要争议焦点，而是选择了回避、模糊或者忽略。在判决中，直接将网约车平台和网约车司机的关系界定为委托代理关系，或者采用网约车司机是平台的实际合同履行人的措辞，或者在判决中使用"不具有典型的劳动关系或劳务关系特征"的表述。法院判决中援引的法律、法规及司法解释包括《中华人民共和国民法通则》《中华人民共和国道路交通安全法》《中华人民共和国侵权责任法》《最高人民法院关于审理道路交通事故损害赔偿案件适用法律若干问题的解释》《最高人民法院关于审理人身损害赔偿案件适用法律若干问题的解释》《中华人民共和国民事诉讼法》，判决中并未援引《劳动法》《劳动合同法》《劳动争议调解仲裁法》等调整劳动关系的相关法律法规及其司法解释。

对于涉及确认劳动关系是否成立的案例,无论是 2016 年的张某与北京宏诚伟信劳务服务有限公司、北京通达无限科技有限公司等劳动争议案(以下简称"张某案"),还是 2018 年的深圳市迪滴新能源汽车租赁有限公司与刘某劳动合同纠纷案(以下简称"迪滴案"),除非存在双方签订书面劳动合同的情形,法院均倾向于网约车司机和网约车平台之间不成立劳动关系,不对网约车司机予以劳动法上的保护。在张某案中,法院确认张某在不同时期与相关公司存在劳动关系的理由,是基于确认各时期书面劳动合同的真实、合法、有效,认为冠华英才公司以当前网络 App 平台从事网约车服务的用工模式非劳动关系的抗辩不能成立,故不予采信。相应地,劳动关系解除后,尽管通达无限公司和张某继续以原工作模式开展业务,法院却认定此期间通达无限公司与张某虽然延续以往的工作模式,但并不必然构成劳动关系。由此驳回了张某以双方没有签订劳动合同主张通达无限公司支付未签订劳动合同的双倍工资差额的诉讼请求,只是判定通达无限公司应向张某支付该工作期间的劳动报酬,具体数额本院根据张某前期月均劳动报酬标准予以核算酌定。由此可见,在张某案中,法院确认劳动关系存在与否的依据还是以书面劳动合同的签订为形式要件,回避了网约车平台与网约车司机之间不同于传统劳动关系的用工形态,并未从法理上对双方之间是否符合劳动关系认定标准开展论证。值得注意的是,在涉及劳动者的待遇主张时,法院又不支持其严格依据《劳动法》《劳动合同法》的相关条款来获得传统劳动关系中的薪酬和福利待遇,以作为驾驶运营人员根据自身情况自愿接单工作,并根据接单实际获得劳动报酬为由,驳回了张某关于延时加班、休息日加班以及法定节假日加班需支付加班费的诉讼请求。如此看来,在张某案中,法院既依赖于《劳动合同法》的形式要件来判定劳动关系是否成立,又因为网约车运行模式不同于传统用工模式的新形势而不援引《劳动合同法》规定的待遇标准,产生了劳动关系认定与劳动关系内核及风险分配相分离的矛盾。

在迪滴案中,法院认为,从网约车的行业特点来看,网约车司机通过互联网平台获得客户订单信息,工作时间比较灵活,是否提供、何时提供租车服务由刘某(本案中的网约车司机,被告)决定。双方签订的《车辆管理承诺书》《驾驶员管理承诺书》虽然约定了车辆运营管理的相关事项,但不能据此就认定网约车平台在刘某的劳动过程中对其进行了管理,进而认定双方具有从属关系。法院进一步指出,刘某通过网约车平台直接从消费者那里收取租车服务费用,按照双方签订的《驾驶员管理承诺书》所约定的收入分配模式进行流水分成,这表明刘某并未从网约车平台处获取劳动报酬,因而认为刘某与网约车平台之间不符合劳动关系成立的基本特征,因此二者之间不成立事实劳动关系。从本案来看,法院是严格依据《劳动合同法》的相关规定和传统劳动关系认定标准的要求来认定劳动关系是否成立的。对于网约车平台与网约车司机之间出现的不同于传统劳动关系意义上管理与被管理的新关系,以及双方之间关于收入分配的新模式,法院直接用传统劳动关系的相关标准去考量已经变化发展了的新情况,一定程度上暴露了司法裁判面对新生事物略显僵化的应对,深层次的原因还是法律本身的滞后性,法院面对新情况、新形势却无法可依。

值得一提的是,本书中分析的这 5 个案例,都发生在《网络预约出租汽车经营服务管理暂行办法》①实施之后。除了神州优车(福建)信息技术有限公司、莫某某机动车交通事故责任纠纷案(以下简称"神州优车案")的二审判决书中将其作为裁判说理依据以外,其他几个案例几乎均未作援引。即使是在神州优车案中,法院援引《网络预约出租汽车经营服务管理暂行办法》中的相关条款,也是将其作为论证神州优车公司责任问题的重要法律依据,而非用以论证劳动关系是否成立。并且,在神州优步案的二审判决书中,二审法院就《网络预约出租汽车经营服务管理暂行办法》的法律位阶及适用问题作出了相关说明。该判决书分别援引了《最高人民法院关于裁判文书引用法律、

---

① 《网络预约出租汽车经营服务管理暂行办法》于 2016 年 7 月 14 日经交通运输部第 15 次部务会议通过,并经工业和信息化部、公安部、商务部、工商总局、质检总局、国家网信办同意,于 2016 年 8 月 25 日公布,自 2016 年 11 月 1 日起施行。

法规等规范性法律文件的规定》第 1 条①、第 4 条②、第 5 条③、第 6 条④的规定，指出该案的原审法院在裁判说理中引用《网络预约出租汽车经营服务管理暂行办法》的相关规定，符合上述司法解释的规定，但因为《网络预约出租汽车经营服务管理暂行办法》属于部门规章，不应直接将其引用为民事裁判的法律依据，故在二审判决中予以纠正。

如前文所述，围绕我国新型劳动关系出现的诸多矛盾和纠纷，法院在司法裁判中几乎不能对新型劳动关系是否成立这一本该成为争议焦点的问题展开充分的论证，或者回避不提，或者僵化地固守《劳动合同法》规定的形式要件，以是否签订书面合同为劳动关系是否成立的判断标准。面对"互联网＋"不同于传统产业用工模式的新情况，法院又碍于传统劳动关系从属性认定标准的要求，在裁判说理时使用诸如"不必然成立劳动关系""不具备成立劳动关系或劳务关系的典型特征"等含糊表达，既不敢断然否认劳动关系的存在，又无法直接确认劳动关系已经成立。法院之所以在新型劳动关系的认定问题上表现出这种举棋不定的态度，归根到底还是因为我国现有劳动法律中执行的从属性标准已经不能适应互联网经济中新型劳动关系的发展需要，无法有效认定这种新型劳动关系，传统劳动关系的从属性标准有待优化。

①　《最高人民法院关于裁判文书引用法律、法规等规范性法律文件的规定》第 3 条规定："刑事裁判文书应当引用法律、法律解释或者司法解释。刑事附带民事诉讼裁判文书引用规范性法律文件，同时适用本规定第 4 条规定。"

②　《最高人民法院关于裁判文书引用法律、法规等规范性法律文件的规定》第 4 条规定："民事裁判文书应当引用法律、法律解释或者司法解释。对于应当适用的行政法规、地方性法规或者自治条例和单行条例，可以直接引用。"

③　《最高人民法院关于裁判文书引用法律、法规等规范性法律文件的规定》第 5 条规定："行政裁判文书应当引用法律、法律解释、行政法规或者司法解释。对于应当适用的地方性法规、自治条例和单行条例、国务院或者国务院授权的部门公布的行政法规解释或行政规章，可以直接引用。"

④　《最高人民法院关于裁判文书引用法律、法规等规范性法律文件的规定》第 6 条规定："对于本规定第三条、第四条、第五条规定之外的规范性文件，根据审理案件的需要，经审查认定为合法有效的，可以作为裁判说理的依据。"

第四章　优化新型劳动关系的认定标准

第一节　传统劳动关系中的从属性认定标准

一、与从属性相关的强制性条款的立法目的

尽管理论界和司法裁判中都将是否具有从属性作为劳动关系是否成立的重要认定标准甚至可能是唯一标准，但在我国，《劳动法》《劳动合同法》《劳动争议调解仲裁法》等调整劳动关系的主要法律，在其具体的法律条款中均未直接对劳动关系的从属性标准进行界定。但这并不意味着法律规范对从属性认定标准弃之不用，相反，这些法律规范中的强制性条款都与从属性有内在的联系，或者是对从属性标准的确认和细化，或者是对从属性标准的验证或支撑，或者是基于从属性标准在劳动关系双方之间分配权利义务，明确风险防控和责任承担。正是因为立法充分考虑到了在劳动关系中，用人单位与劳动者之间管理与被管理、控制与被控制的不对等关系，考虑到劳动关系的从属性，劳动法作为社会法就必然要兼顾劳动关系中私法意义上的意思自治和公法意义上的国家干预。调整传统劳动关系时，更强调公法意义上的国家干预。

必须明确的是，法治国家的劳动关系，无论其从属性强度如何，也无论劳动者对劳动合同约定的条款有无讨价还价的余地，具体到是否建立劳动关系的环节，都必须满足意思自治的基本要求。换言之，用人单位和劳动者在劳动关系成立与否的问题上，必须以平等、自愿为基础。也正因为如此，用人单位和劳动者都应当遵守契约精神，按照劳动合同约定的权利和义务来保证合同的履行，否则就应当承担相应的违约责任。对此，波斯纳曾表达过这样的观点，达成契约的意义就在于发生违反契约约定的情形时，造成该违约后果的当事人应当承担相应的不利后果。因为契约是理性人基于自由合意和对未来的合理预测而达成的，因此，因违约导致损害发生的一方当事

人应当对另一方当事人进行相应的补偿,否则将会增加市场的风险。① 要求用人单位和劳动者均严格依照基于双方真实意思表示所达成的合意来履行劳动合同中的相关条款,是基于该合同内容符合正当性要求的假设。但事实上,由于劳动力市场是典型的买方市场,除非处在用工荒等特殊的非常态时期,用人单位在劳动关系中几乎居于绝对优势地位,劳动者须经过用人单位的考核挑选以后才会进入签订书面劳动合同的程序。从表面上看,从用人单位决定聘用某个劳动者的时候开始,双方选择与被选择的关系就发生了反转,劳动者转而取得了是否与用人单位签订劳动合同的决定权。但是这并不意味着该劳动者获得了更改、修正该劳动合同内容的对等地位。实际上,能够在众多竞争者中脱颖而出,走到与用人单位签订劳动合同的环节,本身就隐含着劳动者认可劳动合同主要内容的基本前提。一个合理的推测是,由用人单位起草制成的合同文本很大程度上是保证用人单位利益最大化的,很可能存在对劳动者不利的条款和内容,而劳动者对此几乎无能为力。要求用人单位出于社会责任和道德约束来保证合同内容公正、合理从而主动确保劳动者的诸多利益不具现实可能性,寄希望于劳动者在签订劳动合同时据理力争也是脱离了劳动力市场为买方市场的客观实际的,这就亟须公权力的介入和干预。此时,劳动法的公法属性得以彰显,表现形式就是以法律的强制性规定来纠正劳动关系中用人单位与劳动者之间实际上的不对等,以倾斜性保护的方式在双方主体之间尽量平衡。

从国家数据官网对 2001—2018 年间劳动者胜诉的劳动争议案件处理数(见图 4-1)和用人单位胜诉的劳动争议案件处理数(见图 4-2)的统计结果来看,2008 年以后,劳动争议案件的处理数在量上有了很大的增长。劳动争议案件一般由劳动者方提起,由此可见,《劳动合同法》颁布实施以后,劳动者的维权意识得到了极大的提高。而从案件处理的结果来看,在数据获得的时间区间内,同年度劳动者胜诉的劳动争议案件数均远远高于用人单位胜诉的劳动争议案件(见图 4-3)。我国现有的劳动法律制度给予劳动者的倾斜性保护在案件处理结果中得到了最直观的呈现。

---

① ［美］理查德·A. 波斯纳:《法律的经济分析》(上),蒋兆康译,林毅夫校,中国大百科全书出版社 1997 年版,第 8 页。

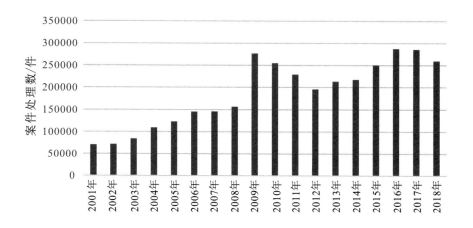

图 4-1　劳动者胜诉的劳动争议案件统计（2001—2018 年）

资料来源：国家数据（http://data.stats.gov.cn/）。

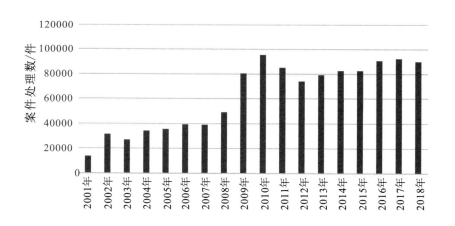

图 4-2　用人单位胜诉的劳动争议案件统计（2001—2018 年）

资料来源：国家数据（http://data.stats.gov.cn/）。

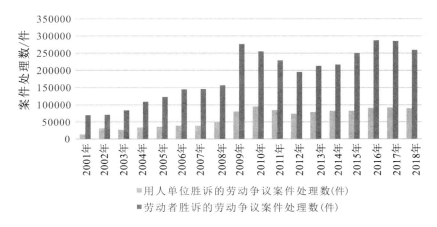

图 4-3　劳动者胜诉与用人单位胜诉的劳动争议案件对比 (2001—2018 年)

资料来源：国家数据 (http://data.stats.gov.cn/)。

可以说,我国主要的劳动法律规范,无论是《劳动法》《劳动合同法》《劳动争议调解仲裁法》,还是其他与调整劳动关系相关的法律法规,其强制性条款都天然地倾向于维护劳动者的合法权益、对用人单位进行诸多限制和强制。究其根源,就在于这些强制性条款的立法意图服务于我国劳动法的立法目的。《劳动法》在其总则的第 1 条就明确了其立法目的,将保护劳动者合法权益置于立法的首要实现目的的位置,同时强调调整劳动关系也是其重要的立法目的,并明确指出要建立、维护与社会主义市场经济相适应的劳动制度,达到促进经济发展、社会进步的立法目的。而用人单位的利益并未在其立法目的中得到直接体现。《劳动合同法》也是在总则第 1 条表明了其立法目的的。《劳动合同法》以完善劳动合同制度为目的,此外,其立法目的还包括明确劳动合同双方主体之间的权利义务分配,保护劳动者的合法权益也明确在立法目的之中,终极目的是构建、发展和谐稳定的劳动关系。《劳动争议调解仲裁法》在其总则的第 1 条就对立法目的进行了明确的规定,将劳动争议得到及时公正的解决、当事人的合法权益得到有效维护,以及劳动关系的和谐稳定得以推进作为其立法目的。从以上立法目的来看,劳动者的合法权益始终是立法目的的重中之重,但是随着我国市场经济的发展和劳动者地位的逐步改善,立法越来越关注劳动关系双方的权利义务关系,关注和谐劳动关系的构建和市场经济的持续发展。关于劳动法的立法目的,无论是在理论界还是在司法实务中,都已经开始反思之前的唯劳动者权益倾向,基本上达成了一个共同的认知:劳动法律规范应当侧重保护劳动者合法权益,但是不能短视地以牺牲用人单位发展活力为代价来实现劳动者的合法权益。然而,法律制度的稳定性和滞后性决定了,劳动法律规范中的一些强制性条款已经不能成为实现立法目的的法律手段,甚至成为阻碍构建和谐劳动关系、增加司法成本的低效的法律供给。

二、与从属性相关的强制性条款对劳动关系认定标准的影响

劳动关系的本质问题是分析劳动法律规范中的强制性条款对劳动关系认定标准影响的前提性问题。分析劳动法律规范中的强制性条款对劳动关系认定标准的影响,需要先对劳动关系的本质问题进行探讨。大陆法系国家关于劳动关系本质的理论学说大致经历了四个阶段的发展和演进。第一阶段,劳务租赁说。劳务租赁说继受于罗马法的立法理念,认为劳动力是一种租赁物。第二阶段,给付交换关系说。给付交换关系说将劳动力认定为一种债的给付种类,在德国民法典颁布初期,这种学说一度成为学界通说。第三阶段,人格法上共同关系说。人格法上共同关系说认为劳动力与资本之间的交换本质上属于债之给付,与此同时劳动力的提供者与资本的所有者之间在人格上也具有紧密的联结,至此,"从属性"开始被列入传统劳动关系认定标准体系之内,但是,尚不具备广泛的解释力。第四阶段,带有人格保护的给付交换关系说:劳动力的购买者和劳动者之间虽然是因为双方合意而成立契约,但劳动者也因此而受限于该劳动契约,放弃对提供劳动力的自由和自主决定权,从属于其劳动力购买者。这正是因为劳动者的从属地位,出于矫正实质不公正的目的,法律围绕维护劳工利益的需要对雇主施加义务,主要包括要求雇主要采取措施维护劳工的利益以及要求雇主尊重劳工的人格;与此同时,法律也对劳动者提出了相应的人格性附随义务,主要集中在要求劳动者对雇主履行忠诚义务上。第四阶段以后,学界开始将从属性视为传统劳动关系的认定标准,并在立法和司法裁判中产生了深远的影响。虽然我国的劳动法律规范并未直接对从属性标准进行界定,但在《劳动法》《劳动合同法》《劳动争议调解仲裁法》等法律规范中均通过一系列强制性条款践行了从属性这一劳动关系的重要认定标准,虽然也有学者因为其过分依赖于从属性认定标准而对此提出质疑,但从属性标准已然成为我国理论、立法乃至司法裁判中解决劳动关系认定问题的主要依据。

纵观我国劳动关系法制建设的过程,强制性条款起到了明确劳动关系

双方主体之间的权利义务,严格规范劳动关系从成立到终止的全过程,防止用人单位权力滥用,强化劳动者维权意识的重要作用。从这个意义上讲,劳动法律规范中强制性条款的制定和实施既以劳动关系的从属性标准为正当性支撑,又反过来使劳动关系的从属性标准在法律实施中得以具化和落实。同时,我们也应当看到,在司法裁判中,法官出于操作便利,往往直接援引劳动法律规范中的强制性条款来作为论证一种社会关系是否具有从属性,进而论证劳动关系是否成立的裁判说理依据,这就导致关乎劳动关系本质的从属性标准被强制性条款的规定形式化。因此,本书认为,我国劳动法律规范中的强制性条款对劳动关系认定标准的影响应该从这两个层面展开论证。

（一）强制性条款以国家强制的方式与劳动关系的从属性标准相互印证

虽然学理上对劳动关系的从属性标准已有诸多论证,但是具体到立法层面,只有通过强制性条款的规定,从属性标准才有了具体的表现形式和可以考察的指标,才能在实务中被作为判断劳动关系是否成立所援引的法律依据。这些将书面劳动合同当作劳动关系成立的形式要件的法律规定,就较为全面地体现了劳动法律规范中的强制性条款如何以国家强制的方式确认劳动关系的从属性认定标准。

从理论上讲,劳动合同是基于劳动关系双方主体之间的合意而订立的,双方自然可以自由约定订立合同的形式,既可以约定签订书面劳动合同,也可以以口头约定的方式建立劳动关系。在《劳动法》颁布实施之前,用人单位和劳动者之间虽然在事实上产生劳动关系,但因为种种原因没有签订书面劳动合同的情况大量存在。在这种情况下,劳动者可能面临这样的风险:由于缺乏书面劳动合同的明确界定,其与用人单位产生纠纷或矛盾时,存在不能有效维权的风险。劳动者的合法权益因订立合同的形式而天然存在被侵害的风险,究其根源,还是得回归到劳动关系的从属性上来。正是由于用人单位与劳动者之间是管理与被管理、控制与被控制的关系,因此,双方订立劳动合同时,无论是在书面劳动合同的形式方面还是合同文本的内容方面,用人单位都占据主导地位,劳动者只有选择接受或不接受的权利,很少有就合同的形式或内容与用人单位讨价还价的余地。劳动关系双方主体之间的这种失衡状态,既不利于维护劳动者的合法权益,也不利于市场经济的有序发展。为了调整市场经济中发展起来的活力与风险共存的不成熟的劳动关系,作为国家劳动基准法的《劳动法》得以颁布实施。根据《劳动法》第16条的相关规定,双方签订的书面劳动合同,就是证明劳动关系成立,明确细化二者之间权利义务安排的依据。因此,欲建立劳动关系就应当订立劳动合同。对该法条进行文法解释,"建立劳动关系应当订立劳动合同"似乎应被归于强制性条款而非任意性条款,"应当"二字在立法语境中表征着"必须"的含义。也就是说,按照《劳动法》第16条的规定,建立劳动关系时,用人单位和劳动者都必须履行签订书面劳动合同①的义务。

然而本书认为,《劳动法》第16条对书面合同形式的规定尚不足以被认定为强制性条款,其所表征的是法律对书面劳动合同形式的导向性要求,表明立法者已经关注到不签订书面劳动合同的诸多弊端和风险,希望以立法的形式来提倡和鼓励用人单位与劳动者之间签订书面劳动合同。这里有必要重申一下何为法律的强制性规范,与其相对应的概念是任意性规范。行为主体必须依照强制性规范所确认的权利和义务内容来作为或不作为,而不能以其个人意志对强制性规范的内容予以变更或排除适用。换言之,行为主体必须严格遵守法律的强制性规范,没有自主选择、协商更改或者排除使用的余地。一般认为,强制性规范有义务性规范和禁止性规范两种表现形式,也可以认为义务性规范和禁止性规范基本上均属于强制性规范的范畴。这里隐含了一个法律逻辑的要求:考察一个法律条款是不是强制性条款,不能仅凭术语上使用的是"应当"而非"可以"就作出肯定的结论,应当进一步去考察该条款是否已经达到了行为主体不能以其个人意志对强制性规范的内容予以变更或排除适用的强制程度,而考察该强制程度的一个重要指标即违反该条款规定的法律后果是否足以对行为主体构成威慑。如果缺乏有效的事中监督手段和事后干预机制,那些表面上符合强制性条款特征的法律规定就很可能沦为一纸空文,不仅不能发挥其在经济社会发展过程中应有的法律功能,还会损害法律制度的权威和尊严。回到《劳动法》第16条的规定,虽然该条款明确规定了订立劳动合同的形式要求——书面劳动合同,但是纵观整部《劳动法》,对违反该条款规定之法律后果的相关规范并不足以确保用人单位和劳动者严格依照该条款的要求去签订书面劳动合

---

① 根据《中华人民共和国合同法》第11条的规定,书面形式是指合同书、信件和数据电文(包括电报、电传、传真、电子数据交换和电子邮件)等可以有形地表现所载内容的形式。

同。所以此时,《劳动法》第 16 条对劳动合同书面形式的相关规定还不足以彰显劳动关系从属性标准在劳动法律规范中的重要功能。实践也证明,用人单位利用劳动者在劳动关系中的从属性地位而不与其签订书面劳动合同的情况与劳动法律规范所希望获得的改善程度相比存在巨大的差距,劳动者的合法权益遭受非法侵害进而影响到劳动关系和谐稳定的风险依然大量存在。

　　这种情况在理论界和实务界都引起了极大的关注。到 2008 年《劳动合同法》颁布实施时,立法者充分考虑到了劳动关系的从属性,认识到要促使整体上居于绝对优势地位的用人单位与劳动者签订书面劳动合同,使劳动者的合法权益以合同文本的形式得以明确,不能仅仅依靠法律的倡导性规定,更不能寄希望于用人单位增强法律意识后的自觉选择,而是应当以法律的强制性规范来确保书面劳动合同的订立,从而对处于从属性地位的劳动者予以倾斜性保护。因此,《劳动合同法》中再一次强化了对用人单位与劳动者之间建立劳动关系时订立书面劳动合同的形式要求①。本书认为,这里的"应当订立书面劳动合同"属于法律的强制性规范。《劳动合同法》不仅规定了劳动关系双方主体之间必须订立书面劳动合同,同时还规定了用人单位或劳动者不按法律规定的要求签订书面劳动合同可能产生的不利法律后果。因为用人单位的原因导致没有在自用工之日起 1 个月以内签订劳动合同的,用人单位视不同情形可能须承担支付劳动者二倍工资②或者被视为已经与劳动者成立了无固定期限的劳动合同③的不利法律后果。对于由于劳动者自身的原因而导致没有订立书面劳动合同的情形,《劳动合同法》中并未作出明确的规定。但这一立法上的缺失在国务院于 2008 年通过的《中华人民共和国劳动合同法实施条例》中得到了弥补。按照该实施条例的

---

　　①　《劳动合同法》第 10 条规定,建立劳动关系,应当订立书面劳动合同。已建立劳动关系,未同时订立书面劳动合同的,应当自用工之日起一个月内订立书面劳动合同。用人单位与劳动者在用工前订立劳动合同的,劳动关系自用工之日起建立。

　　②　《劳动合同法》第 82 条规定,用人单位自用工之日起超过一个月不满一年未与劳动者订立书面劳动合同的,应当向劳动者每月支付二倍的工资。用人单位违反本法规定不与劳动者订立无固定期限劳动合同的,自应当订立无固定期限劳动合同之日起向劳动者每月支付二倍的工资。

　　③　《劳动合同法》第 14 条规定,无固定期限劳动合同,是指用人单位与劳动者约定无确定终止时间的劳动合同……用人单位自用工之日起满一年不与劳动者订立书面劳动合同的,视为用人单位与劳动者已订立无固定期限劳动合同。

规定,因劳动者的主观故意导致其未在规定期限内与用人单位订立书面劳动合同的,用人单位应当书面通知劳动者终止劳动合同。①对于上述不利法律后果,对用人单位和劳动者都足以起到法律威慑效果,从而达到强制劳动关系的双方主体订立书面劳动合同的立法意图:用法律强制的手段来矫正因劳动关系的从属性特征导致的对劳动者利益和劳动关系稳定皆有损害之虞的风险。这里还隐含了一个强制性规范的法律逻辑:强制性规范不仅意味着行为主体不能违反法律的义务性规定和禁止性规定,也不允许行为主体放弃强制性规范赋予其的权利。因为强制性规范赋予行为主体的权利,不仅关乎行为主体的切身利益,也关系着社会整体利益。

(二)强制性条款的僵化援引导致劳动关系从属性标准的形式化

如前文所述,劳动法律规范中的强制性条款基于劳动关系的从属性而订立,反过来又让学理意义上的从属性标准落实到具体的法律条文中,用法律的强制性规定去矫正因劳动关系从属性而导致的用人单位与劳动者之间的不对等状态,维护劳动者的合法权益,维护劳动关系的和谐稳定。随着市场经济的发展,劳动关系在发展、调整的过程中逐渐呈现复杂性和多元性的特征,劳动关系的从属性也随之不断变化和拓展。然而,一方面由于法律制度稳定性和滞后性的局限,另一方面基于司法裁判便利的考虑,劳动仲裁机构和法院往往在判定劳动关系是否成立时,机械地援引劳动法律规范的一些强制性条款,只考察是否符合立法对劳动关系成立的形式要求,而不去追究是否符合劳动关系从属性标准的内在要求。这种形式吞噬内核的裁判说理方式在很大程度上已经偏离了劳动法律规范的强制性条款对劳动者予以倾斜性保护的初衷。此时,劳动法律规范的预期作用与其在司法实践中所起的实际作用之间不能保持一致,表明相关的强制性条款不符合效率标准。

---

① 2008 年通过的《中华人民共和国劳动合同法实施条例》第 5 条规定,自用工之日起一个月内,经用人单位书面通知后,劳动者不与用人单位订立书面劳动合同的,用人单位应当书面通知劳动者终止劳动关系,无须向劳动者支付经济补偿,但是应当依法向劳动者支付其实际工作时间的劳动报酬。第 6 条规定,用人单位自用工之日起超过一个月不满一年未与劳动者订立书面劳动合同的,应当依照《劳动合同法》第 82 条的规定向劳动者每月支付两倍的工资,并与劳动者补订书面劳动合同;劳动者不与用人单位订立书面劳动合同的,用人单位应当书面通知劳动者终止劳动关系,并依照《劳动合同法》第 47 条的规定支付经济补偿。前款规定的用人单位向劳动者每月支付两倍工资的起算时间为用工之日起满一个月的次日,截止时间为补订书面劳动合同的前一日。

从关注重点来看,法学更注重研究如何运用既有的法律手段来调整和解决已经发生的矛盾和纠纷,强调事后干预和救济;经济学则正好相反,经济学家们更关注事物发展的未来预期,强调事前分析和预测。但这并不意味着法学和经济学在这个问题上不能达成共识,相反,二者相互影响、相互关联。实际上,法律规范尤其是强制性规范直接影响着一个社会的经济运行系统,同时也在经济运行的过程中接受检验;而经济系统运行发展过程中出现的新问题又会促使法律作出相应的调整,最终实现法律制度创新。劳动力是重要的生产要素,法律对劳动关系的调整力度直接影响到用人单位在劳动力成本方面的预算。因此,用人单位对劳动法律规范中有关劳动关系成立方面的强制性条款极为关注,并且反应敏捷。这种关注和反应不仅是立法层面的,更是守法层面和执法层面的。

《劳动合同法》颁布以后、实施之前,很多用人单位看到了立法者强制劳动关系双方主体之间订立书面劳动合同,尤其是订立无固定期限劳动合同的决心和力度,也领会到了相关强制性条款对处于从属性地位的劳动者实施倾斜性保护的立法意图,迅速作出了较为激烈的反应。考虑到一旦与劳动者签订无固定期限劳动合同,就将为此支出更高的劳动力成本,很多用人单位利用《劳动合同法》颁布之后、尚未实施之前的时间差,将《劳动合同法》实施之后可能要与之订立无固定期限劳动合同的劳动者以各种理由、各种方式解聘后,与其重新订立书面劳动合同乃至直接将其辞退[①]。牵涉其中的劳动者的合法权益不仅没有因为《劳动合同法》中的相关强制性条款而获得更多的保障,反而因此而遭受了更大的损害。对这些合法权益受损的劳动者而言,相关强制性条款的立法目的与立法实效几乎背道而驰。这也是《劳动合同法》颁布实施之后争议不断的一个重要因素。从表面上看,之所以会出现这样的局面,是因为立法技术的不成熟。立法者没有充分考虑到那些符合订立无固定期限劳动合同的劳动者在新法颁布之后的利益衔接问题,没有对此出台相应的救济措施或应对方案,以至于面对用人单位实施这种明显规避新法适用、损害劳动者合法权益的行为时,司法救济几乎无能为力。本书认为,这种立法技术上的不成熟暴露了立法者对劳动关系从属性的形式化的认知。从立法目的来看,立法者以国家强制的方式规定了用人

[①]　其中影响最大的是 2008 年"华为全员解聘全员重新签订合同"事件。这次针对《劳动合同法》实施的应对策略引起了广泛的关注和非议,惊动了国务院和中华总工会。

单位必须与劳动者签订无固定期限劳动合同的情形,就是为了从制度上确保处于从属地位的劳动者的合法权益不被非法侵害。但实际上立法者没有充分考虑到,正是因为劳动者相对于用人单位而言处于从属性的不利地位,在没有配套的应对措施支撑的情况下,他们根本没有能力去对抗用人单位的行为,也不具备与用人单位谈判协商的条件。即使是《劳动合同法》实施之后,用人单位也始终在想方设法地规避与订立无固定期限劳动合同有关的强制性条款,比如在劳动者服务年限满十年之前即提前与之解除劳动关系等。这都是以强制性条款去形式化劳动关系从属性内核而导致的法律实施的低效率。

应该说,劳动法的强制性条款在传统劳动关系中劳动者权益的保障方面发挥了很大的功能。强制性条款确认、具化了从属性标准,但是也形式化了劳动关系的从属性认定标准,导致司法裁判中的保守和僵化。对用人单位的要求过于严苛,导致用人单位想方设法地规避强制性条款的适用,而保障强制性条款实施效果的相关监督和惩罚措施又不得力,反过来损害法律规范的权威性,不利于和谐劳动关系的构建,亟须修正和调整。

三、与从属性相关的强制性条款的守法成本与违法成本分析

鉴于劳动法律规范中的强制性条款与劳动关系从属性标准之间的深刻关联,有必要对一些重要的强制性条款进行行为主体的守法成本分析与违法成本分析。通过比较行为主体的守法成本和违法成本,可以考察该强制性条款的效率:按照经济学的理性人假设,如果守法成本高于违法成本,则行为主体很可能选择不遵守法律的强制性规定以获取更大的收益。

(一)与书面劳动合同形式有关的强制性条款的守法成本与违法成本分析

劳动法律规范在书面劳动合同形式要求方面的强制性规范比较完整地体现了守法成本与违法成本的高低对法律实施效率的重要影响。《劳动法》第19条明确规定,"劳动合同应当以书面形式订立"。前文已经论述表明,虽然该条款具备强制性条款的外观特征,但并不符合强制性条款的实质条件,不足以达到强制行为主体严格依照该条款的规定实施相关行为的法律效果。本书认为,该强制性条款的守法成本高于违法成本是造成这种局面的直接原因。

如前文所述,如果缺乏有效的事中监督手段和事后干预机制,那些表面

上符合强制性条款特征的法律规定就很可能沦为一纸空文,不仅不能发挥其在经济社会发展过程中应有的法律功能,还会损害法律制度的权威和尊严。从用人单位的视角来看,纵观《劳动法》全文,能够对"劳动合同应当以书面形式订立"起到支撑作用的条款只有第98条[①]。根据《劳动法》第96条的规定,如果用人单位故意拖延不与劳动者订立书面劳动合同,则由劳动行政部门[②]责令改正;只有该行为对劳动者造成损失了,用人单位才需要承担损害赔偿责任。此时,用人单位对该条款的守法成本(依法与劳动者订立书面劳动合同的成本)与违约成本(擅自不与劳动者订立书面劳动合同的成本)对照如表4-1:

表 4-1 用人单位守法成本与违法成本对比

用人单位的守法成本	用人单位的违法成本
严格按照合同文本约定的内容保证劳动者获得工资薪酬和享受福利待遇的成本。	被认定为故意拖延不订立书面劳动合同时,被劳动行政部门责令改正,从而回归到承担相应的守法成本。
安排劳动者完成劳动合同规定以外的劳动内容须支付的额外薪酬成本。	
主动与劳动者解除劳动合同时应支付经济赔偿金的成本。	
依法对劳动者进行职业培训、为劳动者提供良好工作环境的成本。	因故意拖延不订立书面劳动合同而给劳动者造成损失时,承担损害赔偿责任。
当劳动者发生工伤、职业病时承担医疗费用和经济补偿的成本。	

资料来源:笔者根据与订立书面劳动合同相关的强制性条款的规定自行整理。

由表4-1可见,对于《劳动法》第19条的规定,用人单位的守法成本明显高于违法成本。用人单位承担违法成本的前提是用人单位"故意拖延"不与劳动者订立劳动合同。对于未对劳动者造成损失的情形,因故意拖延不

---

① 《劳动法》第98条规定,用人单位违反本法规定的条件解除劳动合同或者故意拖延不订立劳动合同的,由劳动行政部门责令改正;对劳动者造成损害的,应当承担赔偿责任。

② 《劳动法》第9条规定,国务院劳动行政部门主管全国劳动工作。县级以上地方人民政府劳动行政部门主管本行政区域内的劳动工作。

订立劳动合同的法律责任是责令用人单位改正。用人单位是否承担该法律责任的关键在于是否存在"故意拖延"的主观故意,这就涉及举证责任分配的问题。根据"谁主张谁举证"原则,如果该认定是基于劳动行政部门的主动监督,则应当由用人单位承担证明其不具有故意拖延之主观故意的举证责任。即使用人单位出具的相关证据最终不被采纳,依然要承担被劳动行政部门"责令改正"的法律责任,用人单位在"改正"之前的法外收益并未受到损失,其违法成本依然低于守法成本;对于劳动行政部门认为用人单位不具备故意拖延的主观故意的情形,《劳动法》并未直接规定相关处理措施,默认为用人单位此时应当着手与劳动者订立劳动合同,用人单位因未订立劳动合同而获得的法外收益亦未受到任何损失。就算经劳动行政部门干预提醒以后,用人单位依然不与劳动者订立劳动合同——此时应认为其具有明显的主观故意——也只是回到"责令改正"的法律责任上来。如果该认定是基于劳动者的请求,则应当由劳动者承担用人单位具有"故意拖延"不订立劳动合同的主观故意。由于在劳动关系中处于从属性地位,为了保住就业岗位、维持与用人单位之间的友好关系,劳动者往往不能充分地向用人单位表达真实诉求,也不敢过于强硬地与用人单位对峙,因此在对用人单位主观故意的举证能力方面存在天然的缺陷。即使劳动者举证成功,也无非使用人单位承担被"责令改正"的后果,此处不再赘述。由此可见,即使未与劳动者签订书面劳动合同的行为被劳动行政部门责令改正,用人单位的守法成本也高于违法成本。更何况,若劳动行政部门并未介入和干预,其违法成本则可以忽略不计。如果用人单位因故意拖延不订立书面劳动合同而给劳动者造成了实际损失,则应承担相应的损害赔偿责任。一方面,这里依然涉及前文提到的劳动者举证困难的问题。另一方面,即使有证据证明劳动者的损失是由用人单位故意拖延不订立书面劳动合同造成的,用人单位也只需就劳动者的实际损失承担相应的损害赔偿责任。所以概而论之,此时用人单位的守法成本依然高于违法成本。

经过分析不难发现,虽然《劳动法》以强制性条款的形式对劳动合同作了书面形式的要求,但是由于用人单位对该条款的守法成本高于违法成本,利益驱动下的理性行为人往往选择不与劳动者订立书面劳动合同从而获取更多的利益。至此,该强制性条款丧失了"强制"应有的威慑,既不能达到以国家强制干预的方式维护劳动者合法权益、制约用人单位滥用优势地位的立法目的,又不利于维护法律的权威和尊严。该强制性条款低效率的一个集中体现就是,《劳动法》颁布实施以后,用人单位不与劳动者签订劳动合同,以此来规避《劳动法》适用的情形大量存在,阻碍了我国市场经济运行的法治化进程。直到 2008 年《劳动合同法》颁布实施以后,书面劳动合同的订立情况才得到普遍性改善。[①]

(二)与劳动合同解除和终止有关的强制性条款的守法成本与违法成本分析

关于劳动合同的解除和终止,劳动法律规范的强制性条款主要体现在两个方面:一是通过规定解除和终止的法定程序来确保法律在程序方面的干预力,二是依法对劳动者进行相应的经济补偿。比如,在用人单位依法与劳动者解除劳动合同的情形下,用人单位应当履行其对劳动者提前 30 日书面通知的义务,或者也依法对劳动者支付相应的经济补偿[②]。又比如《劳动合同法》的第 42 条则规定了用人单位不得解除劳动合同的禁止性条款。[③]再比如发生了用人单位单方面解除劳动关系的情形时,用人单位应当依法对劳动者进行经济补偿,应当以什么方式补偿,补偿金额应当如何计算;还包括用人单位依法解除或终止劳动合同应当履行的程序规则等。从立法技术上讲,由于这些强制性条款已经具体到相应的操作流程和计算方法,用人单位一旦违反这些法律的强制性规范,就将面临仲裁不利或诉讼失败的法律后果。届时,不仅不能达到规避法律强制性条款的规定而获取法外收益的目的,用人单位还可能为此承担相应的诉讼成本和可能的惩罚性经济损失。因此,作为成熟的市场主体,用人单位很容易作出守法成本低于违法成本的判断,从而选择按照法律规定的程序和方式与劳动者解除或终止劳动

---

① 黎建飞、靳友成:《〈劳动合同法〉的实施提高了劳动合同的签订率》,http://www.china.com.cn/law/txt/2008-12/25/content-17008199.htm,下载日期:2018 年 12 月 5 日。

② 《劳动合同法》第 40 条的规定;相较于《劳动法》第 26 条的规定,《劳动合同法》增加了额外支付劳动者 1 个月工资的内容,按照新法优于旧法、特别法优于一般法的法律适用原则,以《劳动合同法》的规定为准;该原则也适用于其他《劳动合同法》与《劳动法》规定不一致的情形。

③ 《劳动合同法》第 42 条规定:"劳动者有下列情形之一的,用人单位不得依照本法第 40 条、第 41 条的规定解除劳动合同:(一)从事接触职业病危害作业的劳动者未进行离岗前职业健康检查,或者疑似职业病病人在诊断或者医学观察期间的;(二)在本单位患职业病或者因工负伤并被确认丧失或者部分丧失劳动能力的;(三)患病或者非因工负伤,在规定的医疗期内的;(四)女职工在孕期、产期、哺乳期的;(五)在本单位连续工作满十五年,且距法定退休年龄不足五年的;(六)法律、行政法规规定的其他情形。"

合同。这个分析逻辑同样也适用于与劳动合同的变更与履行相关的强制性条款,本书对此不作具体论证。

关于劳动合同的终止的强制性规范问题,2008 年由国务院通过的《中华人民共和国劳动合同法实施条例》①(以下简称《劳动合同法实施条例》)和《2018 年劳动法实施细则》中的有关规定值得关注。按照《劳动合同法实施条例》第 5 条的规定,因劳动者方面的原因不订立劳动合同的,用人单位应当依法与劳动者终止劳动关系。②此时,用人单位的守法成本和违法成本情况如表 4-2。

表 4-2　用人单位守法成本与违法成本对比

守法成本	违法成本
劳动者不能继续完成既定工作任务的经济损失。	与劳动者之间继续保持事实劳动关系,按照相关劳动法律规范的规定保障劳动者的合法权益。
因终止劳动合同而产生的时间成本和经济成本。	
重新寻找继任劳动者的时间成本、搜索成本和培训成本。	

资料来源:笔者根据与劳动合同之解除和终止相关的强制性条款的规定自行整理。

本书认为,《劳动合同法实施条例》第 5 条的规定是为了进一步强化《劳动合同法》中对书面劳动合同形式的强制性规定,国务院出台该条例表明了一个价值取向:《劳动合同法》以国家强制干预的方式强制用人单位与劳动者订立书面劳动合同,是为了防止用人单位利用其与劳动者之间的优势地位来拒绝与劳动者订立书面劳动合同,导致出现劳动者维权时无据可凭、举证困难的被动情形。但在实践中,有些劳动者基于规避缴纳法定保险费用和个人所得税、放任用人单位不与其订立书面劳动合同的行为以获取二倍工资、重新选择工作单位的便利等非理性考虑,不与用人单位订立劳动合同。立法者认为劳动者不与用人单位订立劳动合同的行为,违反了《劳动合同法》中关于书面劳动合同形式的强制性规定,因此应当承担相应的法律责

① 从法律位阶上讲,《劳动合同法实施条例》和《2018 年劳动法实施细则》均属于行政法规的范畴,效力低于《劳动合同法》和《劳动法》;从法律文本的内容上讲,该条例和细则是对《劳动合同法》《劳动法》具体内容的细化、分解和补充说明。

② 《劳动合同法实施条例》第 5 条规定,自用工之日起一个月内,经用人单位书面通知后,劳动者不与用人单位订立书面劳动合同的,用人单位应当书面通知劳动者终止劳动关系,无须向劳动者支付经济补偿,但是应当依法向劳动者支付其实际工作时间的劳动报酬。

任。然而,该条例让劳动者承担法律责任的方式是由用人单位来终止劳动关系。这就陷入了一个悖论:立法认为劳动者的不当行为应当承担法律责任,是因为该行为既不符合劳动者自身的利益归属,又可能给用人单位造成损失,但是其对劳动者不当行为的惩罚是以增加用人单位生产成本的方式来实现的。因为根据前面守法成本和违法成本的对比分析,与劳动者终止劳动合同的行为对用人单位来说是弊大于利的;而用人单位拒不执行该强制性条款,反倒可能达成其与劳动者的双赢。

由于行为主体的守法成本高于违法成本,《劳动合同法实施条例》第5条的规定在市场经济运行中的干预力极其有限。为了纠正这种低效率的法律供给,《2018年劳动法实施细则》对相关内容作了相应的调整。按照该细则第24条^①的规定,发生劳动者拒绝订立书面劳动合同的情形时,用人单位"可以"提出与劳动者解除劳动合同。对该条款进行文义解释,可以发现立法者的两个态度转变:

第一,从"应当"到"可以",是从强制性条款到任意性条款的转变,意味着允许用人单位自主选择成本更低的处理方式;第二,用人单位可以提出与劳动者解除劳动合同,而不是用人单位可以与劳动者解除劳动合同。"提出"一词隐含着该条款对劳动者不当行为的宽容,为劳动者保留了纠正其不当行为、争取与用人单位补订书面劳动合同的机会。这是基于立法者对劳动者有限理性的认知和谅解:与作为成熟市场主体的用人单位相比,劳动者尤其是低端劳动者因其在知识水平、法律常识以及市场参与程度方面的局限,可能会因为短期利益的诱惑而实施损害其更大的合法权益的行为。为了维护劳动关系的和谐稳定,维护劳动者的合法权益,该条例鼓励用人单位督促劳动者与其订立书面劳动合同,既符合《劳动法》《劳动合同法》基于劳动关系从属性而对劳动者予以倾斜性保护的立法意图,又充分尊重了劳动关系双方主体之间的意思自治。按照对《劳动合同法实施条例》第5条进行守法成本与违法成本分析的思维路径,从用人单位的立场出发,该细则第24条的守法成本明显低于违法成本,符合效率标准。

---

① 《2018年劳动法实施细则》第24条规定,劳动者方面的原因致使用人单位与劳动者在一个月内未签订书面劳动合同的,用人单位可以提出终止劳动关系,且无须支付经济补偿金;用人单位方面的原因致使用人单位与劳动者在一个月内未签订书面劳动合同的,劳动者可以提出终止劳动关系,用人单位应支付经济补偿金。

（三）与劳动争议救济有关的强制性规定的成本分析

按照《劳动法》的规定，用人单位与劳动者发生劳动争议的解决方式依次包括协商、申请调解、申请仲裁、提起诉讼，这样的劳动争议处理机制被总结为"一商一调一裁两审"①。虽然该劳动争议处理机制自《劳动法》颁布之后就饱受争议，但2008年实施的《劳动争议调解仲裁法》延续了"一商一调一裁两审"的机制②，只不过规定了对部分争议实行终局裁决③的例外情形。按照特别法优于一般法的原则，2008年5月1日《劳动争议调解仲裁法》实施以后，我国就确定了以"一商一调一裁两审"机制为常态、以部分争议终局裁决为例外的劳动争议处理机制。出于效率和维护劳动关系和谐的考虑，立法鼓励用人单位和劳动者之间通过友好协商来解决劳动争议，这是充分尊重行为主体意思自治的体现，也是可以以最低的成本来实现争议解决的方式。如果协商不成，发生争议的主体之间可以向本单位设置的劳动争议调解委员会申请调解。虽然涉及专门的工作部门，部门运行成本和争议双方的磋商成本都要高于以协商方式解决争议所产生的成本，但调解毕竟在用人单位内部就能完成，亦不失为一种相对有效、便捷的争议解决方式。从性质上讲，协商和调解都属于私力救济的范畴，相对于公力救济途径而言，消耗的社会成本要低一些。

如果协商、调解不成，劳动争议的处理就将进入公力救济的视野：包括申请仲裁和提起诉讼。按照《劳动争议调解仲裁法》第79条的规定，当事人既可以因调解不成而向劳动争议仲裁委员会提出仲裁申请，也可以不必经过调解而直接向劳动争议仲裁委员会提出仲裁申请。也就是说，法律在是

---

① 《劳动法》第79条规定，劳动争议发生后，当事人可以向本单位劳动争议调解委员会申请调解；调解不成，当事人一方要求仲裁的，可以向劳动争议仲裁委员会申请仲裁。当事人一方也可以直接向劳动争议仲裁委员会申请仲裁。对仲裁裁决不服的，可以向人民法院提起诉讼。

② 《劳动争议调解仲裁法》第5条规定，发生劳动争议，当事人不愿协商、协商不成或者达成和解协议后不履行的，可以向调解组织申请调解；不愿调解、调解不成或者达成调解协议后不履行的，可以向劳动争议仲裁委员会申请仲裁；对仲裁裁决不服的，除本法另有规定的外，可以向人民法院提起诉讼。

③ 《劳动争议调解仲裁法》第47条规定："下列劳动争议，除本法另有规定的外，仲裁裁决为终局裁决，裁决书自作出之日起发生法律效力：（一）追索劳动报酬、工伤医疗费、经济补偿或者赔偿金，不超过当地月最低工资标准十二个月金额的争议；（二）因执行国家的劳动标准在工作时间、休息休假、社会保险等方面发生的争议。"

否申请启动仲裁程序、何时申请启动仲裁程序的问题上赋予了争议双方较大的自主选择空间。当事人可以自主选择成本较小的途径去解决双方的劳动争议。学理上和实务中对该制度安排均不存在明显的争议。

事实上,我国法定的这四种劳动争议处理方式本身并未引起广泛的争论和质疑,协商和调解便捷、高效,且有利于维持劳动关系的稳定与和谐;劳动仲裁因其中立、专业、民主、权威和相对司法诉讼的高效率也具有广泛的接受度和干预能力,很多劳动争议尚未进入诉讼程序就已经得到了妥善解决;按照"司法最终原则",诉讼作为当事人寻求争议解决的最后一条途径,虽然其耗费的成本远高于前三种争议解决方式所产生的成本,但也是最具权威性的解决途径,作为我国劳动争议处理的最后一道屏障,发挥着不可替代的法律功能。真正饱受争议和关注的是从劳动仲裁到提起诉讼的程序规则。虽然《劳动争议调解仲裁法》第 79 条中将该程序规则表述为"对仲裁裁决不服的,可以向人民法院提起诉讼",但该条款的"可以"指的是,如果对仲裁裁决不服,当事人可以自主决定是否就该争议提起诉讼。而一旦当事人选择以提起诉讼的方式解决劳动争议,就必须满足"对仲裁裁决不服"的前置程序要求。也就是说,除非已经申请了劳动仲裁且对该仲裁结果不服,否则不得提起诉讼。考察该程序规则设置的效率,本书将对其进行成本分析。就劳动争议启动诉讼程序,当事人至少须负担以下成本:(1)进行劳动仲裁的时间成本和磋商成本;(2)仲裁裁决执行不能给依该裁决可获利的一方当事人带来的成本;(3)依仲裁裁决可获利的一方当事人在诉讼中的败诉风险而产生的成本。另外,虽然劳动仲裁不向当事人收取费用[1],但是劳动仲裁进行过程中会产生劳动仲裁机构的运行成本。而一旦进入诉讼程序,之前的仲裁裁决就被弃之不用了,法院会重新根据当事人提交的证据和司法程序对劳动争议实施判决。这就意味着,只要劳动争议被置于司法诉讼的程序之中,为了启动诉讼程序而必须经历的劳动仲裁程序所耗费的成本就在诉讼启动之时沦为沉没成本,这无疑是对社会资源的极大浪费,也不利于劳动争议的及时解决。立法将劳动仲裁规定为诉讼的前置程序,目的是希望由程序相对简化的劳动仲裁来分散因大量的劳动争议而产生的诉讼压力。然而,经过实践的检验,执行该程序规则所耗费的成本巨大,且很难获得立

---

[1] 《劳动争议调解仲裁法》第 53 条规定,劳动争议仲裁不收费。劳动争议仲裁委员会的经费由财政予以保障。

法者预期的收益。很多当事人在申请劳动仲裁时,并未将取得仲裁裁决作为劳动争议解决的合理期待,而是机械地将仲裁裁决当成提起诉讼的必备资料。换言之,当事人根本不关心仲裁裁决的内容,获取该法律文书只是为了给接下来的诉讼做准备。当劳动仲裁程序成为当事人不得不经历的过程而不是主动选择的争议解决方式时,劳动仲裁本该发挥的解决劳动争议的实体功能几乎被仲裁前置的程序规则所吞噬,沦为诉讼启动程序链上的一个环节,造成了社会资源的极大浪费,在分减诉讼压力方面的功能也极其有限,相当于从立法上增加了劳动争议解决机制的公力救济环节。

不仅是效率上的损失,从司法实务来看,仲裁前置的程序规则也在一定程度上冲击了劳动争议解决方面的正义价值。法院为了减轻立案压力,可能将发生在用人单位和劳动者之间的原本不属于劳动争议范畴的案件划入劳动争议案件的范围,要求当事人先申请劳动仲裁。当事人按法院的指引去申请劳动仲裁时,又存在该争议被仲裁机构排除在劳动争议以外而不予受理的风险。法院和仲裁机构在争议性质认定上的差异,客观上给当事人增加了额外的维权成本,人为增加劳动争议解决的社会成本。并且,争议长时间处于悬而未决的不确定状态,用人单位和劳动者将为解决该争议而损失更多的利益,也容易激发社会矛盾,不利于劳动关系的和谐,也不利于社会经济的发展。因此,本书认为,成本较低的公力救济程序设置应当是赋予当事人充分的自主选择权,从法律规定"诉前必裁"转为允许当事人自主选择"或裁或诉",既充分发挥劳动仲裁在劳动争议解决方面的巨大优势,又允许当事人直接选择最权威的诉讼程序,提高公力救济的效率。

通过以上对我国劳动法律规范中强制性条款的成本分析,本书认为,相较于任意性规范,强制性规范因其干预效力更高,会对劳动关系产生更加深刻的影响。如果这些强制性规范的运行成本过高,就会成为构建和谐劳动关系和经济社会发展的阻碍力量,不利于实现劳动法律规范的目的。而造成强制性规范低效的原因,既可能是由于立法时所处的时代局限和历史背景而导致的立法技术上的欠缺,也可能是因为滞后的强制性条款不能适应已经变化发展了的劳动关系和社会经济发展现状。按照科斯的观点,法律制度存在的价值就在于降低交易成本。因此,我们应该充分考虑到法律规范尤其是强制性规范对新型劳动关系的干预程度,立足于互联网经济发展的实际和新形势下用人单位与劳动者之间的利益诉求,基于对互联网经济发展规律的合理预测,探索与新型劳动关系的认定与调整问题有关的法律制度设计。

第二节　优化从属性认定标准价值指引的实证分析

优化新型劳动关系的从属性认定标准,直接目的是解决互联网经济中新型劳动关系的认定问题,使该新型劳动关系进入劳动法律规范的调整范围。本书认为,劳动法对互联网经济中新型劳动关系的调整应当秉持这样的宗旨和原则:在确保对互联网经济中的劳动者进行必要倾斜性保护的前提下,充分考虑对互联网企业的激励,要从构建互联网经济中和谐劳动关系和促进互联网经济发展的全局视角去进行相应的制度设计。只有这样,才能实现互联网企业与劳动者共同推动互联网经济的发展,同时又充分享受互联网经济发展成果的良性循环,这也是优化新型劳动关系从属性认定标准的价值指引。为了说明互联网经济发展、互联网企业发展、互联网经济中劳动者的保护与发展三者之间的相互影响,论证该价值指引的合理性,本书拟运用 VAR 模型进行实证检验。

一、从属性认定标准价值指引的模型构建

(一)变量的选取及数据来源

由于无法获得与互联网经济发展、互联网企业发展、互联网经济中劳动者保护与发展相关的有效数据,基于经济发展与劳动关系主体之间相互作用原理的共通性,本书将数据的搜索范围扩大到搜索与经济发展相关的数据、与企业发展相关的数据、与劳动者收益相关的数据。通过查阅《中国统计年鉴》《中国劳动统计年鉴》等统计资料,登录国家数据官网(http://data.stats.gov.cn/)、万德经济数据库等,获得了最近 20 年的国内生产总值(亿元)、城镇单位就业人员平均工资(元)、城镇居民医疗保险基金收入(亿元)、城镇居民医疗保险基金支出(亿元)、失业保险基金收入(亿元)、失业保险基金支出(亿元)、城镇职工基本养老保险基金收入(亿元)、城镇职工基本养老保险基金支出(亿元)、工伤保险基金收入(亿元)、工伤保险基金支出(亿元)、仲裁调解劳动争议案件处理数(件)、仲裁裁决劳动争议案件处理数(件)、其他处理方式劳动争议案件处理数(件)、用人单位胜诉的劳动争议案件处理数(件)、劳动者胜诉的劳动争议案件处理数(件)、双方部分胜诉的劳动争议案件处理数(件)、企业景气指数、企业家信心指数等数据。

获得上述数据后,本书拟通过国内生产总值(亿元)的相关数据反映宏

观经济发展情况,通过城镇单位就业人员平均工资(元)、城镇居民医疗保险基金收入(亿元)、城镇居民医疗保险基金支出(亿元)、失业保险基金收入(亿元)、失业保险基金支出(亿元)、城镇职工基本养老保险基金收入(亿元)、城镇职工基本养老保险基金支出(亿元)、工伤保险基金收入(亿元)以及工伤保险基金支出(亿元)等数据反映劳动者的收益情况;由于无法获得跟企业业绩和利润相关的直接数据,故拟通过企业景气指数、企业家信心指数等数据反映企业的收益情况。但在对相关数据进行筛选和整理之后,由于获取的数据存在统计不全、统计方式差异、统计标准差异的现实局限性,上述数据均存在不同程度的数据缺失、数据不完整或口径不统一。现有数据在量和频率方面都有欠缺,且无法实现相关数据的替换,因此不能完成有效的检验和回归。

鉴于获取数据的现实困难,本书将数据的搜索范围进一步扩大,用宏观经济景气指数(Hongguan)来表示我国宏观经济的整体现状和预期,用居民消费价格指数(CPI)来反映市场中居民家庭购买的消费品以及服务的价格变动;上证指数(Index)来反映当前资本市场中企业的盈利现状;工业增加值(Industry)代表市场中整体企业生产活动的最终成果,它反映了在一定时期内所生产和提供的全部最终产品以及服务的市场价值;城镇居民的平均可支配收入(Income)代表劳动关系中劳动者的可支配收入量。

(二)模型分析

VAR 模型的一般公式为:

$$Y = C + \beta_1 \chi_1 + \beta_2 \chi_2 + \beta_3 \chi_3 + \cdots + \beta_i \chi_i + \mu$$

其中(C 为常数项,β_i 为回归系数,μ 为随机误差项)

滞后阶数为 p 的 VAR 模型表达式为

$$y_t = C + A_1 y_{t-1} + A_2 y_{t-2} + \cdots A_p y_{t-p} + B\chi_t + \mu_t$$

其中,y_t 为 k 维内生变量向量;x_t 为 d 维外生变量向量;μ_t 是 k 维误差向量 $A1, A2, \cdots, A_p, B$ 是待估系数矩阵。

滞后阶数为 p 的 VAR 模型表达式还可以表述为

$$\tilde{y}_t = \tilde{A}_1 \tilde{y}_{t-1} + \tilde{A}_2 \tilde{y}_{t-2} + \cdots + \tilde{A}_p \tilde{y}_{t-p} + \tilde{\mu}_t$$

即

$$\tilde{A}(L)\tilde{y}_t = \tilde{\mu}_t$$

$$\tilde{A}(L) = I_k - \tilde{A}_1 L - \tilde{A}^2 - \cdots - \tilde{A}_p L^P$$

上式称为非限制性向量自回归（Unrestricted VAR）模型，是滞后算子 L 的 k×k 的参数矩阵。

当行列式 det[A(L)] 的根都在单位圆外时，不含外生变量的非限制性向量自回归模型才满足平稳性条件。

通过建立相关经济变量关系模型，可以用来分析多个相关经济变量的相互关系。本书运用 VAR 模型研究宏观经济景气指数（Hongguan）、居民消费价格指数（CPI）、上证指数（Index）、工业增加值（Industry）、城镇居民的平均可支配收入（Income）与劳动关系之间的动态关系。

二、从属性认定标准价值指引的实证结果分析

（一）平稳性检验

经过 ADF 检验，所有变量都符合一阶单整条件。经过一阶差分后平稳，详见表 4-3。

表 4-3　平稳性检验结果

变量名称	t—统计量	Prob.	平稳性结果
Hongguan	−0.218881	0.6036	不平稳
D(Hongguan)	−5.367772	0.0000	平稳
CPI	−0.323918	0.5645	不平稳
D(CPI)	−6.604224	0.0000	平稳
Index	0.272753	0.7621	不平稳
D(Index)	−6.495113	0.0000	平稳
Industry	−0.609251	0.4498	不平稳
D(industry)	−7.538005	0.0000	平稳
Income	−0.212118	0.9915	不平稳
D(income)	−31.94895	0.0001	平稳

资料来源：万德经济数据库。

由表 4-3 可以看出，变量经过一阶差分之后，通过了 ADF 检验，说明各个变量经过一阶差分后的序列是平稳序列，因此可以在此基础上进行 Granger 因果检验。

（二）Granger 因果检验

表 4-4　**Granger 因果检验结果**

Null Hypothesis：	Obs	F-Statistic	Prob.
DHONGGUAN does not Granger Cause DCPI	65	8.75359	0.0005
DCPI does not Granger Cause DHONGGUAN		3.38599	0.0404
DINCOME does not Granger Cause DCPI	65	0.05095	0.9504
DCPI does not Granger Cause DINCOME		0.12068	0.8865
DINDEX does not Granger Cause DCPI	65	9.05200	0.0004
DCPI does not Granger Cause DINDEX		3.10040	0.0523
DINDUSTRY does not Granger Cause DCPI	65	0.34312	0.7109
DCPI does not Granger Cause DINDUSTRY		3.84065	0.0269
DINCOME does not Granger Cause DHONGGUAN	65	0.03126	0.9692
DHONGGUAN does not Granger Cause DINCOME		0.03441	0.9662
DINDEX does not Granger Cause DHONGGUAN	65	1.68314	0.1944
DHONGGUAN does not Granger Cause DINDEX		1.48500	0.2347
DINDUSTRY does not Granger Cause DHONGGUAN	65	1.28050	0.2854
DHONGGUAN does not Granger Cause DINDUSTRY		25.1715	1.E-08
DINDEX does not Granger Cause DINCOME	65	0.50165	0.6080
DINCOME does not Granger Cause DINDEX		0.55249	0.5784
DINDUSTRY does not Granger Cause DINCOME	65	0.02851	0.9719
DINCOME does not Granger Cause DINDUSTRY		0.19972	0.8195
DINDUSTRY does not Granger Cause DINDEX	65	2.69857	0.0755
DINDEX does not Granger Cause DINDUSTRY		2.03183	0.1400

资料来源：万德经济数据库。

从表 4-4 可以看出，居民消费价格指数和宏观经济景气指数互为 Granger 因果；居民收入和物价消费指数之间没有 Granger 因果关系；大盘指数收益和居民消费价格指数之间互为 Granger 因果；居民消费价格指数是工业增加值的 Granger 原因，但是工业增加值并不是居民消费价格指数的 Granger 原因；居民收入和宏观经济景气指数之间没有 Granger 因果关系；宏观经济景气指数与大盘指数也没有 Granger 因果关系；宏观经济景气指数是工业增加值的 Granger 原因，但是，工业增加值不是宏观经济景气指数的 Granger 原因；大盘指数和城镇居民平均可支配收入、工业增加值和居民收入以及工业增加值与大盘指数的 Granger 因果关系都不是很明显（在5％的显著性水平下）。这些结果表明：有关企业与劳动者之间的劳动关系分析都太模糊，没有进行很精确的分析，所以才会导致他们之间的 Granger 因果关系出现问题。

（三）协整检验

通过协整检验可以考察两个线性增长量之间是否具有稳定的动态均衡关系，考察多个线性增长量之间的相互影响及其自身演化的动态均衡关系。

表 4-5　协整检验结果

Hypothesized		Trace	0.05	
No. of CE(s)	Eigenvalue	Statistic	Critical Value	Prob.**
None*	0.524599	96.28324	69.81889	0.0001
At most 1*	0.365522	47.94944	47.85613	0.0490
At most 2	0.174625	18.37752	29.79707	0.5383
At most 3	0.070964	5.902859	15.49471	0.7070
At most 4	0.017058	1.118320	3.841466	0.2903

Trace test indicates 2 cointegrating eqn(s) at the 0.05 level

* denotes rejection of the hypothesis at the 0.05 level

** denotes two-sided p-values

资料来源：万德经济数据库。

由表 4-5 可以看出，至少存在两个协整方程，说明宏观经济景气指数（Hongguan）、居民消费价格指数（CPI）、上证指数（Index）、工业增加值（Industry）、城镇居民的平均可支配收入（Income）这些变量之间存在长期的稳定关系。在协整检验结果的基础上，我们可以进一步估计 VAR 模型，表 4-6 是给出的 VAR 参数估计结果。

表 4-6　VAR 参数估计结果统计

	HONGGUAN_1	CPI_2	GONGZI_1	INDEX_2	GONGYE_2
HONGGUAN_1(−1)	1.274437	13.25605	−0.328434	−0.329060	1.619393
	(0.14314)	(3.83536)	(1.30961)	(0.34152)	(0.26941)
	[8.90354]	[3.45627]	[−0.25079]	[−0.96352]	[6.01079]

续表

	HONGGUAN_1	CPI_2	GONGZI_1	INDEX_2	GONGYE_2
HONGGUAN_1(−2)	−0.393395	−10.70197	2.167996	0.256283	−0.848508
	(0.17405)	(4.66355)	(1.59240)	(0.41527)	(0.32759)
	[−2.26028]	[−2.29481]	[1.36146]	[0.61715]	[−2.59015]
CPI_2(−1)	−0.001203	1.027889	0.051483	−0.013627	0.016361
	(0.00465)	(0.12461)	(0.04255)	(0.01110)	(0.00875)
	[−0.25868]	[8.24885]	[1.20997]	[−1.22812]	[1.86919]
CPI_2(−2)	−0.005030	−0.364836	−0.001923	−0.008623	−0.020260
	(0.00414)	(0.11080)	(0.03783)	(0.00987)	(0.00778)
	[−1.21642]	[−3.29266]	[−0.05083]	[−0.87394]	[−2.60294]
GONGZI_1(−1)	−0.000955	0.420689	0.084581	0.085089	−0.042151
	(0.01461)	(0.39157)	(0.13370)	(0.03487)	(0.02751)
	[−0.06532]	[1.07438]	[0.63261]	[2.44038]	[−1.53245]
GONGZI_1(−2)	−0.013039	0.168657	−0.245012	0.042969	−0.045291
	(0.01498)	(0.40131)	(0.13703)	(0.03574)	(0.02819)
	[−0.87060]	[0.42026]	[−1.78800]	[1.20242]	[−1.60663]
INDEX_2(−1)	0.055382	2.193558	0.293962	1.021392	0.080364
	(0.05262)	(1.40983)	(0.48140)	(0.12554)	(0.09903)
	[1.05258]	[1.55590]	[0.61065]	[8.13609]	[0.81149]
INDEX_2(−2)	−0.031451	0.360333	−0.077193	−0.054562	−0.154746
	(0.05688)	(1.52406)	(0.52040)	(0.13571)	(0.10706)
	[−0.55294]	[0.23643]	[−0.14833]	[−0.40205]	[−1.44545]
GONGYE_2(−1)	−0.082278	−1.238199	−1.111351	−0.113669	0.283862
	(0.07050)	(1.88890)	(0.64498)	(0.16820)	(0.13269)
	[−1.16715]	[−0.65551]	[−1.72308]	[−0.67581]	[2.13935]
GONGYE_2(−2)	0.129754	3.548301	−0.938157	0.354714	0.228762
	(0.06540)	(1.75232)	(0.59834)	(0.15604)	(0.12309)
	[1.98407]	[2.02492]	[−1.56793]	[2.27330]	[1.85847]
C	0.171900	−17.60352	2.358337	−0.459654	−0.393399
	(0.24149)	(6.47059)	(2.20942)	(0.57617)	(0.45453)
	[0.71184]	[−2.72054]	[1.06740]	[−0.79777]	[−0.86552]

续表

	HONGGUAN_1	CPI_2	GONGZI_1	INDEX_2	GONGYE_2
R-squared	0.909332	0.905897	0.478459	0.884150	0.934328
Adj. R-squared	0.892847	0.888788	0.383633	0.863086	0.922387
Sum sq. resids	0.036268	26.03880	3.035929	0.206462	0.128484
S.E. equation	0.025679	0.688064	0.234944	0.061269	0.048333
F-statistic	55.16111	52.94683	5.045670	41.97516	78.24910
Log likelihood	154.0639	−62.95773	7.961584	96.67074	112.3229
Akaike AIC	−4.335271	2.241143	0.092073	−2.596083	−3.070392
Schwarz SC	−3.970328	2.606086	0.457016	−2.231141	−2.705450
Mean dependent	1.965012	2.347576	3.997428	3.356049	1.062485
S.D. dependent	0.078447	2.063255	0.299257	0.165583	0.173491
Determinant resid covariance (dof adj.)	1.09E-10				
Determinant resid covariance	4.38E-11				
Log likelihood	318.8645				
Akaike information criterion	−7.995892				
Schwarz criterion	−6.171180				

资料来源:万德经济数据库。

从表 4-6 可以看出,R 方为 0.909332,这说明该模型的拟合优度较好,说明这个解释变量对被解释变量的模型解释力度非常显著,说明宏观经济景气指数(Hongguan)、居民消费价格指数(CPI)、上证指数(Index)、工业增加值(Industry)、城镇居民的平均可支配收入(Income)这些变量之间均存在着长期稳定的关系,居民消费价格指数(CPI)、上证指数(Index)、工业增加值(Industry)、城镇居民的平均可支配收入(Income)对宏观经济景气指数(Hongguan)均有显著影响。

由表 4-6 可知,上证指数与宏观经济景气指数成正相关关系,说明工业增加值越大,宏观经济景气指数越大,上证指数每增加一个百分点,宏观经济景气指数就会随着增加 0.055382 个百分点,居民消费价格指数、工业增加值和城镇居民的平均可支配收入与宏观经济景气指数呈负相关。具体而言,居民消费价格指数、工业增加值和城镇居民的平均可支配收入每变动一个百分点,宏观经济景气指数就会分别下降 0.001203 个百分点、0.082278 个百分点、0.000955 个百分点。

（四）脉冲响应函数分析

脉冲响应函数分析方法可以用来描述一个内生变量对误差项所带来的冲击反应,即在随机误差项上施加一个标准差大小的冲击后,对内生变量的当期值和未来值所产生的影响程度。

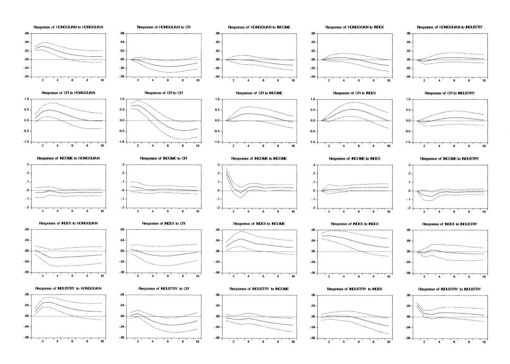

图 4-4　脉冲响应函数分析

资料来源:万德经济数据库。

由图 4-4 可以看出,居民消费价格指数从第 1 期就开始对宏观经济景气指标产生冲击,之后冲击力度直线上升,在第 3 期左右达到最大,之后冲击逐渐减小,到第 10 期左右冲击逐渐减小到零;从城镇居民的平均可支配收入对宏观经济景气指标的冲击全期整体来看,冲击较小,整体较为平稳,前 3 期略呈上升趋势,之后冲击响应逐渐下降,第 6 期左右变为零,之后一直处于平稳状态。从上证指数对宏观经济景气指标的脉冲响应图来看,第 1 期的冲击最大,之后逐渐减弱,到第 3 期左右减为零,之后又呈现出上升的趋势,但是整体来说,冲击相应不太大较为平稳。从工业增加值对宏观经济景气指标的脉冲响应图来看,前期冲击较大,从第 1 期开始,冲击影响呈逐渐上升趋势，在第 3 期左右获得最大值，第 3 期之后冲击效应逐渐下降，后期冲击响应较小。

（五）方差分解

方差分解的基本思想是把系统中的全部内生变量的波动按其成因分解为与各个方程新息对模型内容变量的相对重要程度。

表 4-7　方差分解结果

Variance Decomposition of HONGGUAN

Period	S.E.	HONGGUAN	CPI	INCOME	INDEX	INDUSTRY
1	0.025679	100	0	0	0	0
2	0.040895	98.39248	0.03605	0.068046	0.691219	0.812209
3	0.049528	96.15601	1.744413	0.046397	1.499052	0.554127
4	0.055175	91.09853	5.835803	0.055163	2.092295	0.918205
5	0.05949	84.79644	11.21888	0.26545	2.117624	1.601612
6	0.063148	78.49023	16.48169	0.970359	1.879484	2.178244
7	0.066434	72.73575	20.40434	2.253268	2.076822	2.529818
8	0.06952	67.6312	22.44173	4.068815	3.200878	2.65737
9	0.072542	63.07829	22.76263	6.238755	5.292671	2.327657
10	0.075539	59.04603	21.95076	8.465663	8.015659	2.521881

Variance Decomposition of CPI

Period	S.E.	HONGGUAN	CPI	INCOME	INDEX	INDUSTRY
1	0.688064	2.301989	97.69801	0	0	0
2	1.106348	15.57888	81.19122	1.590396	1.388181	0.251324
3	1.393091	22.92035	65.04881	5.499494	6.371429	0.159914
4	1.589469	24.96227	51.93663	8.641143	14.10565	0.354309
5	1.740746	23.86741	43.43955	10.3826	21.46659	0.843845
6	1.870176	21.55496	39.95307	11.00121	26.04599	1.44478
7	1.975982	19.45331	40.18814	10.79113	27.6797	1.837709
8	2.053327	18.02069	42.22068	10.22864	27.44395	2.036036
9	2.104705	17.15452	44.4716	9.738978	26.51413	2.120769
10	2.13724	16.64009	46.04046	9.518498	25.71317	2.087778

续表

Variance Decomposition of INCOME

Period	S.E.	HONGGUAN	CPI	INCOME	INDEX	INDUSTRY
1	0.234944	1.058737	3.807176	95.13409	0	0
2	0.246561	1.848872	5.70428	87.74569	0.624649	4.076512
3	0.256623	1.725711	5.519753	81.81069	1.056482	9.887366
4	0.262529	2.29995	5.393242	80.49448	1.791548	10.02078
5	0.272226	3.472864	5.448159	78.35851	3.28993	9.430535
6	0.279351	4.21878	5.578871	75.8047	5.051638	9.346012
7	0.285937	4.737682	5.511144	73.80926	6.749365	9.192553
8	0.293181	5.217602	5.332342	72.14915	8.447096	8.853807
9	0.300058	5.631114	5.128398	70.58225	10.10873	8.549504
10	0.306197	5.973886	4.93013	69.18092	11.60631	8.308756

Variance Decomposition of INDEX

Period	S.E.	HONGGUAN	CPI	INCOME	INDEX	INDUSTRY
1	0.061269	0.340129	1.227279	8.138717	90.29388	0
2	0.094229	1.324992	0.534131	19.5246	78.3243	0.29198
3	0.122007	4.534026	0.934658	26.72953	67.30072	0.501062
4	0.140439	6.474763	1.744769	27.71509	63.64515	0.420223
5	0.152164	7.622398	2.801279	27.30862	61.87235	0.395346
6	0.160535	8.545362	3.718645	27.23787	60.07178	0.426335
7	0.166424	9.343085	4.237573	27.30251	58.60838	0.508453
8	0.170374	9.970675	4.438142	27.32193	57.59692	0.67234
9	0.173141	10.43695	4.449065	27.38258	56.85705	0.874355
10	0.175264	10.77418	4.37352	27.50413	56.27927	1.068912

续表

Variance Decomposition of INDUSTRY					
Period	S.E.	HONGGUAN	CPI	INCOME	INDEX	INDUSTRY
1	0.048333	12.74312	0.533432	0.637298	0.1951	85.89105
2	0.071882	53.17492	2.474637	1.979947	0.409227	41.96127
3	0.090271	67.64566	1.750515	2.683473	0.391031	27.52933
4	0.10324	69.38857	4.360983	2.446764	0.406583	23.3971
5	0.113775	66.18692	9.121834	2.929743	0.340043	21.42146
6	0.123586	60.99485	14.33499	4.536976	0.507154	19.62603
7	0.132951	55.48659	18.29448	6.654292	1.551007	18.01363
8	0.141934	50.47605	20.17057	9.122058	3.754202	16.47711
9	0.150823	46.0834	20.17674	11.84519	6.942063	14.9526
10	0.159608	42.36	19.04401	14.4355	10.61607	13.54443

Cholesky Ordering：HONGGUAN CPI INCOME INDEX INDUSTRY

资料来源:万德经济数据库。

表 4-7 显示的是其他所有的变量对宏观经济景气指标的影响程度。从居民消费价格指数对宏观经济景气指标的影响来看,前期影响较小,之后影响逐渐上升,影响在第 9 期达到最大;城镇居民的平均可支配收入对宏观经济景气指标的影响一直处于增长状态,第 10 期的影响达到最大;工业增加值对宏观经济景气指标的影响在第 8 期达到最大,然后减小;上证指数对宏观经济景气指标的影响在前 5 期逐渐上升,第 6 期出现下降之后,又迅速上升,在第 10 期达到最大。

（六）VEC 模型

根据协整方程可得到如下表达式:

$$\Delta y_t = \Pi y_{t-1} + \sum_{i=1}^{p-1} \Gamma_i y_{t-i} + \mu_t = \alpha \beta' y_{t-1} + \sum_{i=1}^{p-1} \Gamma_i y_{t-i} + \mu_t$$
$$= \alpha \Delta ecm_{t-1} + \sum_{i=1}^{p-1} \Gamma_i y_{t-i} + \mu_t$$

其中 α 为调整系数矩阵,每个元素表示每个误差修正项对差分的被解释变量的调整速度,β 为协整参数矩阵,每一列都是一个协整向量。误差修正项

$ecm_{t-1} = \beta' y_{t-1}$ 能反映出变量之间的长期均衡关系,经过以上运算之后,得到的每一个方程都是一个误差修正模型。系数向量能反映出,当变量间的均衡关系发生偏离长期均衡状态的情形时,需要何种调整力度才能将其调整到均衡状态。误差修正模型等式右侧的变量差分项的系数,反映了各变量的短期波动对被解释变量的短期变化的影响。在回归模型中,对于统计量不显著的滞后差分项,分析中可以直接剔除。

表 4-8　VEC 模型估计结果

Cointegrating Eq:	CointEq1	CointEq2		
HONGGUAN(−1)	1.000000	0.000000		
CPI(−1)	0.000000	1.000000		
INCOME(−1)	−0.291959	0.744160		
	(0.03869)	(1.69757)		
	[−7.54702]	[0.43837]		
INDEX(−1)	0.008363	−1.124966		
	(0.05035)	(2.20937)		
	[0.16610]	[−0.50918]		
INDUSTRY(−1)	−0.781982	−1.354609		
	(0.03445)	(1.51171)		
	[−22.6990]	[−0.89608]		
Error Correction:	D(HONGGUAN)	D(CPI)	D(INCOME)	D(INDEX)	D(INDUSTRY)
CointEq1	−0.006985	−3.267064	4.393530	−0.411541	0.563351
	(0.10000)	(2.63006)	(0.93205)	(0.23912)	(0.18916)
	[−0.06986]	[−1.24220]	[4.71386]	[−1.72104]	[2.97818]
CointEq2	−0.008492	−0.237079	0.068755	−0.015764	−0.006224
	(0.00283)	(0.07449)	(0.02640)	(0.00677)	(0.00536)
	[−2.99827]	[−3.18254]	[2.60443]	[−2.32758]	[−1.16170]
D[HONGGUAN(−1)]	0.263150	14.48688	−4.202479	−0.124274	0.876754
	(0.16631)	(4.37410)	(1.55010)	(0.39769)	(0.31459)
	[1.58232]	[3.31197]	[−2.71110]	[−0.31249]	[2.78694]

续表

Error Correction:	D(HONGGUAN)	D(CPI)	D(INCOME)	D(INDEX)	D(INDUSTRY)
D[HONGGUAN(−2)]	0.007443	7.329563	−2.426207	−0.011084	0.292088
	(0.18138)	(4.77060)	(1.69061)	(0.43374)	(0.34311)
	[0.04104]	[1.53640]	[−1.43511]	[−0.02555]	[0.85129]
D[CPI(−1)]	0.010285	0.278921	−0.004744	0.011424	0.016520
	(0.00477)	(0.12549)	(0.04447)	(0.01141)	(0.00903)
	[2.15558]	[2.22263]	[−0.10667]	[1.00123]	[1.83034]
D[CPI(−2)]	−0.000497	0.302052	−0.020178	−0.018949	0.012250
	(0.00449)	(0.11808)	(0.04185)	(0.01074)	(0.00849)
	[−0.11069]	[2.55795]	[−0.48220]	[−1.76495]	[1.44238]
D[INCOME(−1)]	0.009035	−0.312829	0.303666	−0.035740	0.101982
	(0.02132)	(0.56086)	(0.19876)	(0.05099)	(0.04034)
	[0.42371]	[−0.55776]	[1.52780]	[−0.70088]	[2.52816]
D[INCOME(−2)]	0.006263	−0.338346	0.004712	−0.015053	0.050984
	(0.01518)	(0.39916)	(0.14145)	(0.03629)	(0.02871)
	[0.41268]	[−0.84765]	[0.03331]	[−0.41478]	[1.77595]
D[INDEX(−1)]	−0.000165	1.402087	0.455720	0.049419	0.146572
	(0.05728)	(1.50642)	(0.53385)	(0.13696)	(0.10834)
	[−0.00288]	[0.93074]	[0.85365]	[0.36082]	[1.35283]
D[INDEX(−2)]	−0.007930	3.159832	0.813486	0.092504	−0.133264
	(0.05190)	(1.36513)	(0.48378)	(0.12412)	(0.09818)
	[−0.15278]	[2.31467]	[1.68153]	[0.74530]	[−1.35730]
D[INDUSTRY(−1)]	−0.139712	−5.917048	2.064856	−0.322301	−0.304228
	(0.08444)	(2.22084)	(0.78703)	(0.20192)	(0.15973)
	[−1.65461]	[−2.66433]	[2.62362]	[−1.59621]	[−1.90467]
D[INDUSTRY(−2)]	−0.099486	−1.882280	1.371406	0.143443	−0.121208
	(0.07274)	(1.91325)	(0.67802)	(0.17395)	(0.13760)
	[−1.36764]	[−0.98381]	[2.02266]	[0.82462]	[−0.83084]

续表

Error Correction:	D(HONGGUAN)	D(CPI)	D(INCOME)	D(INDEX)	D(INDUSTRY)
R-squared	0.438552	0.660939	0.519083	0.362687	0.643472
Adj. R-squared	0.322025	0.590568	0.419270	0.230415	0.569475
Sum sq. resids	0.033075	22.88003	2.873420	0.189133	0.118353
S.E. equation	0.024981	0.657038	0.232842	0.059737	0.047255
F-statistic	3.763519	9.392198	5.200559	2.741969	8.695986
Log likelihood	154.2286	−58.29701	9.132732	97.55900	112.7942
Akaike AIC	−4.376265	2.162985	0.088224	−2.632584	−3.101360
Schwarz SC	−3.974840	2.564410	0.489649	−2.231159	−2.699935
Mean dependent	−0.000917	0.015385	0.011510	0.004196	−0.002974
S.D. dependent	0.030339	1.026832	0.305545	0.068095	0.072020
Determinant resid covariance (dof adj.)	9.30E-11				
Determinant resid covariance	3.35E-11				
Log likelihood	322.7097				
Akaike information criterion	−7.775684				
Schwarz criterion	−5.434036				

资料来源：万德经济数据库。

对于误差修正模型，我们主要是看各个变量的系数 α，系数 α 可以反映变量间的均衡关系偏离长期均衡状态时，反映出模型能够调整到均衡状态的调整力度，所以一般是负值，具有负向修正机制。由表 4-8 的误差修正模型中可以看出，各个变量的系数对应的 α 是负的。所以，我们的模型具有负向修正机制，反映出模型调整到均衡状态。

三、小结

本节运用 VAR 模型实证检验了我国宏观经济发展、企业、劳动者之间的动态平衡关系。从检验结果来看，各个变量之间相互影响，居民消费价格指数（CPI）、上证指数（Index）、工业增加值（Industry）、城镇居民的平均可支配收入（Income）与宏观经济景气指数（Hongguan）各变量之间均存在互相影响、互相作用的关系，任何一个变量发生改变都会对其他变量造成冲击和影响。据此得出的基本结论是,市场、企业、劳动者之间是相互关联、相互影响的,只有当三者之间达到均衡状态时,才可能达到经济增长、企业获利、劳动者利益实现的效果。因此,优化新型劳动关系的从属性认定标准,应当以此为价值指引。

第三节　现行法中从属性认定标准的不足

我国具有契约意义的劳动关系与我国市场经济体制的构建基本上保持同步。尽管我国现有的三部主要劳动法律在立法技术和执行效果方面均有其局限性,但结合其立法背景,这些劳动法律颁布实施以后,虽然并未在立法层面对劳动关系的概念予以界定,也并未明文规定劳动关系的认定标准,但客观上规范和调整了基本上符合当时市场经济发展需要的劳动关系,为我国的劳动法治建设作出了极大的贡献。学理界对传统劳动关系认定标准的界定问题一直颇为关注,“从属性”几乎成为通说。作为对劳动法律规范的支撑和补充,无论是学理界还是实务中,只要牵涉到论证新型劳动关系成立与否的问题,认为应当认定为劳动关系的支持者和认为不应当认定为劳动关系的反对者都在其是否符合传统劳动关系从属性认定标准的问题上反复进行论证和说理,至今尚未达成共识。[1] 这种论争暴露出传统劳动关系的从属性认定标准在认定新型劳动关系方面解释力的欠缺。

一、从属性标准在利益保护机制方面的局限性

在利益保护机制方面显示出的局限性是现行法中从属性认定标准不足的重要体现。按照我国现行劳动法律规范的相关规定,用人单位有义务确保其劳动者能依法享有并实现权益和保障[2]。然而,随着互联网经济的不

---

[1]　冯彦君、张颖慧:《“劳动关系”判定标准的反思与重构》,载《当代法学》2011 年第 6 期。

[2]　《劳动合同法》第 4 条规定:“用人单位应当依法建立和完善劳动规章制度,保障劳动者享有劳动权利、履行劳动义务。用人单位在制定、修改或者决定有关劳动报酬、工作时间、休息休假、劳动安全卫生、保险福利、职工培训、劳动纪律以及劳动定额管理等直接涉及劳动者切身利益的规章制度或者重大事项时,应当经职工代表大会或者全体职工讨论,提出方案和意见,与工会或者职工代表平等协商确定。在规章制度和重大事项决定实施过程中,工会或者职工认为不适当的,有权向用人单位提出,通过协商予以修改完善。用人单位应当将直接涉及劳动者切身利益的规章制度和重大事项决定公示,或者告知劳动者。”

断发展,传统劳动关系中用人单位与劳动者之间建立起来的长期稳定的管理模式已经被突破。随着互联网经济中劳动者地位的提升,互联网企业与互联网经济中的劳动者之间的力量对比进入新的动态平衡。从这个意义上讲,即使是站在新型劳动关系的立场,现有的劳动法律规范对传统产业中的劳动者进行的一些倾斜性保护在一定程度上已经失去了现实性基础,一些倾斜性立法的必要性需要被重新论证。也就是说,在新型劳动关系的认定问题上,传统劳动关系的从属性认定标准表现出了一定的滞后性和局限性。这种局限性主要体现在,传统的从属性认定标准无法合理诠释新型劳动关系表现出的新特质,也不能有效防范和干预新型劳动关系产生的诸多风险。

从国家数据对 1999—2017 年间城镇职工基本养老保险基金收入(见图4-5)、失业保险基金收入(见图 4-6)、工伤保险基金收入(见图 4-7)和 2011—2017 年间城镇居民医疗保险基金收入(见图 4-8)的统计结果来看,除了失业保险基金收入在 2014 年以后呈现出小幅下降趋势以外,这四种保险的基金收入整体上呈现出逐年增长趋势。按照我国目前相关法律规范设置的缴存比例,这些保险基金收入的大部分都由用人单位来负担。这就极大地增加了用人单位的生产成本。

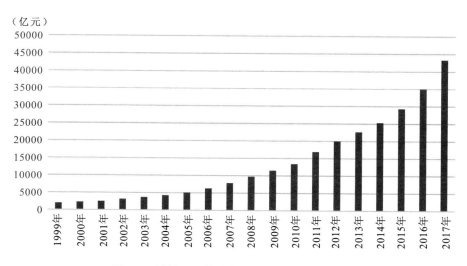

图 4-5 城镇职工基本养老保险基金收入统计

资料来源:国家数据(http://data.stats.gov.cn/)。

（亿元）

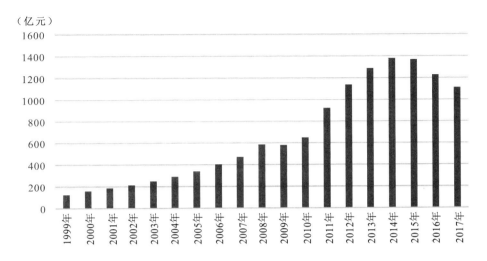

图 4-6 失业保险基金收入统计

资料来源：国家数据（http://data.stats.gov.cn/）。

（亿元）

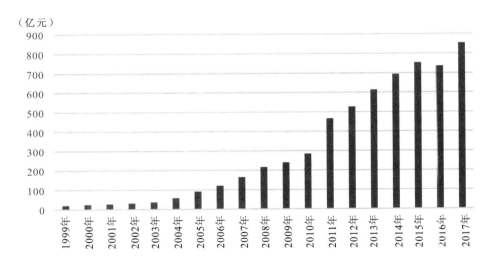

图 4-7 工伤保险基金收入统计

资料来源：国家数据（http://data.stats.gov.cn/）。

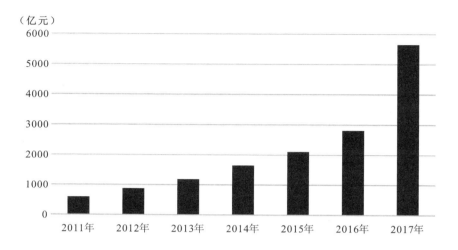

图 4-8　城镇居民医疗保险基金收入统计

资料来源：国家数据（http：//data.stats.gov.cn/）。

按照我国现有劳动法律制度的设计，为了对劳动者实现倾斜性保护，要求用人单位承担巨大的成本来保障劳动者享有各种福利待遇。而对巨大劳动力使用成本的抗拒是互联网企业规避相关劳动法律规范适用的直接动机，最终也会损害劳动者的合法权益，不利于构建和谐的劳动关系。本书认为，在互联网经济中，传统劳动法律规范对劳动者给予一边倒的倾斜性保护不仅不能有效规制互联网企业的行为，反而在客观上激起了互联网企业的应激反应。在实践中，一些互联网企业为了规避《劳动法》《劳动合同法》《劳动争议调解仲裁法》等相关劳动法律规范的调整，通过各种方式、利用法律漏洞来规避现有的与调整劳动关系相关的法律法规的干预。常见的规避方式有：与从业人员订立三方合同、四方合同，达到阻碍劳动关系成立的目的，从而获取法外利益。根据科斯的观点，交易成本的增加显然不利于互联网经济的可持续增长。这种打法律"擦边球"的做法人为地提高了互联网企业与互联网经济中劳动者的缔约成本，也额外增加了各方的诉讼成本，进而导致司法裁判的不确定性，不利于维护互联网经济中新型劳动关系的和谐与稳定，也会阻碍互联网经济的发展。

二、从属性标准在新型劳动关系认定方面的僵化性

在互联网经济中,传统劳动关系的从属性认定标准在新型劳动关系的认定问题上表现出了僵化性。传统劳动关系中劳动者之于用人单位的绝对弱势地位是从属性认定标准的正当性来源。长期以来,无论是学理界还是司法裁判中,只要涉及判断劳动关系是否成立的问题,就会强调用人单位与劳动者之间的支配与被支配、管理与被管理的形式要求。这种研究惯性和倾向使得劳动关系的从属性认定标准日趋狭隘和僵化。

前文已表,在互联网经济中,新型劳动关系的从属性趋于弱化并呈现出全新的表现形式,传统劳动关系的从属性认定标准在新型劳动关系的认定问题上显得张力不足。劳动关系从属性认定标准在判断劳动关系是否成立的问题上意义重大,随意限缩或拓展其适用范围都不合理,容易导致劳动法律制度在规范和调整新型劳动关系时缺位或越界的风险:如果认定标准过于僵化、单一,一些本该由劳动法调整的劳动关系就可能被排除在劳动法的规范和调整之外,此时就会发生劳动法律制度的结构性供给不足;如果认定标准被不当泛化,将不应当由劳动法调整和规范的社会关系纳入劳动法的调整范围以内,就可能发生不当拓展劳动法律制度适用范围的后果。为了防止此后果,本书认为,要想实现劳动法律制度对互联网经济中新型劳动关系的有效调整,就必须先解决这种新型劳动关系的认定问题。因此有必要在互联网经济背景下优化劳动关系从属性认定标准,通过对劳动关系认定标准的优化来释放劳动法律制度的潜在利润。

可见,前述问题的有效解决,决定于新型劳动关系中主体之间的利益关系能否得到法律上的有效调整,而法律实施有效调整的前置性问题就是新型劳动关系的认定问题,而优化新型劳动关系从属性认定标准的测评体系则是解决新型劳动关系认定问题的钥匙。

第四节　优化新型劳动关系的从属性认定标准

一、互联网经济中劳动权范畴的新界定

关于互联网经济中劳动权范畴的界定问题,冯彦君的观点对本章节的撰写有很大的启发。冯彦君认为,由于在构造上以"权利群"的形式体现,劳

动者的利益需求具有多样性特征,与其权利相对应的义务则呈现出多样性特点,因此,劳动权具有多重性和复杂性的特点:从理念上讲,劳动权范畴下的生存理念与发展理念相伴相生、互相支撑;从性质上讲,劳动权兼具社会权与自由权的双重属性;从法益上讲,劳动权的实现依赖于物质利益与人身、人格利益的统一;从机能上讲,劳动权要求倾斜保护与平衡协调相互结合。并且进一步指出,劳动权范畴中所蕴含的发展理念、自由权属性、人格法益以及平衡协调机能尚未引起足够的重视,有待强化和阐释。[①] 本书认为,界定互联网经济中的劳动权的范畴同样应当立足于互联网经济中的劳动者在互联网经济发展过程中所希望获得的利益诉求,以及其与互联网企业之间的新关系,实现互联网经济中的劳动权与劳动者核心利益诉求的对接。

从理念上讲,与传统劳动者相比,互联网经济中的劳动权在发展理念方面有了进一步的拓展。以信息化、数据化和智能化为特点的互联网经济,是一种更具活力的新型经济业态,互联网经济的活跃意味着社会生产力发展进入了一个新的阶段。生产力的发展阶段决定了其中生产关系的形态。以互联网经济的快速发展为基础,对新型劳动关系中的劳动者而言,通过劳动满足生存需要是很容易达成的目标。互联网平台为劳动者提供了丰富的就业资源、便捷的就业路径和灵活的薪酬获得方式,对新兴劳动者而言,进入以互联网经济为背景的新型劳动力市场,就意味着获得了一定的生存保障:只要愿意勤勉劳动,就业本身不是问题。突破了生存压力之后,互联网经济中的劳动者在发展需求方面有了更高的要求。为了克服劳动的异化,互联网经济中的劳动者应当成为互联网经济的主动参与者和成果共享者,而不是传统意义上的贡献者。互联网经济中的劳动权的发展理念意味着,互联网经济中的劳动者在为互联网企业创造价值、促进互联网经济发展的同时,还应当实现自身的发展,这也是马克思关于人的全面发展理论在互联网经济下的内在要求。这里所指的发展既包括劳动能力的提高,也包括劳动者在精神层面的需求。

从性质上讲,本书认为互联网经济中的劳动权依然同时具有社会权和

自由权属性①。只是与传统意义上的劳动权相比,互联网经济中的劳动权在社会权属性上有所削弱,而在自由权属性上有所加强。互联网经济中的劳动权在性质上的变化源自新型劳动关系中从属性的弱化。互联网经济中劳动者的核心利益诉求集中体现在其对更加广阔的就业空间、更加自主的劳动方式、更加及时的劳动报酬和更有效率的风险防范机制的要求。这就意味着应当根据新型劳动关系中主体之间变化发展了的新实际,将我国现有劳动法律制度所规定的倾斜性保护条款进行相应的调整,既包括内容上的调整,又包括程度上的调整。立法者应当立足于互联网经济发展的实际,认识到互联网经济中的劳动者理性程度的提高,充分尊重其在互联网经济中的劳动权中实现意思自治的内在需求:法律应当相信并且允许互联网经济中的劳动者在新型劳动关系中作出利益最大化的选择。

从法益上讲,互联网经济中的劳动权是物质利益、人身利益和人格利益的有机统一。互联网经济本身就具有开放性、共享性、平等性特征,互联网平台大大降低了互联网经济中的劳动者获得工作机会的交易成本。通过互联网平台所提供的充足的就业信息,互联网经济中的劳动者可以对相关信息进行分拣,很容易作出最有利于满足其物质利益需求的理性选择。物质利益是互联网经济中的劳动权其他法益实现的基础。传统劳动关系中的劳动者为了保证其物质利益,不得不在很多方面牺牲其人身利益或人格利益,比如很多劳动者面对用人单位非法延长工作时间或不兑现法律规定的相应保障措施的行为时,会选择息事宁人、敢怒不敢言。这种情况在新型劳动关系中得到了很大的改善。由于互联网平台的开放性和共享性,互联网经济中的劳动者更容易获得就业资源,劳动者之间也突破了传统劳动者相对闭塞的信息壁垒,因此,无论在心理层面还是在劳动过程中,互联网经济中的劳动者都更具有平等意识和维权观念,更加关注人身利益和人格利益的实现。

从机能上讲,互联网经济中的劳动权蕴含着倾斜性保护与平衡协调共

---

① 日本学者大须贺明在其著作《生存权论》中指出,自由权的真谛是在国民自由的范围内要求国家的不作为的权利,是一种与"夜警国家"和自由国家的国家观相对应的基本人权,其基本功能在于排除自律性领域来自公共的干涉,确保主体能动性与创造性的充分展示与发挥;社会权的要义则是社会上对经济弱者进行保护与帮助时要求国家的作为的权利,是一种与福利国家或积极国家的国家观相对应的基本人权,其作用在于消除伴随市场经济的发展而产生的贫困和失业等社会弊病。

同调整的内在要求。互联网经济中的劳动者较之于传统劳动者而言地位得到了极大的提升,但是与互联网企业相比,互联网经济中的劳动者依然处于从属性地位。这就决定了互联网经济中的劳动权的实现需要这样一种制度安排:既充分考虑到互联网经济中的劳动者与互联网企业之间的不对等情况,在权益保障方面给予适当的倾斜性保护,又要充分关注互联网经济中的劳动者与互联网企业之间的利益存在着广泛一致性的现实,尽量平衡协调互联网企业的发展与互联网经济中的劳动者利益实现之间的关系,达到构建互联网经济中的和谐劳动关系、促进互联网经济发展的立法目的。

综上所述,随着互联网经济的发展,新型劳动关系发生了深刻的变化,使得互联网经济中的劳动权在理念、性质、法益和机能等方面都具有了新的含义。由此,考察劳动法律在维护互联网经济中劳动者合法权益方面的供给效率时,不能将互联网企业置于互联网经济中劳动者的对立面,而应当以二者的合作共赢为基调,不局限于劳动法律规范在倾斜性保护方面的条款内容,而是进一步分析相关倾斜性保护条款的必要性和可行性。

二、新型劳动关系中主体核心利益的新变化

按照马克思主义唯物史观,我国通过一系列劳动法律规范来调整劳动关系,不可避免地受到当时经济社会发展阶段的限制。我国直到 20 世纪 90 年代中期以后才真正形成与劳动关系有关的较为系统的理论研究和较为科学的学科建设,相关的研究成果还不足以支撑劳动法律规范的需要;而我国改革开放和中国特色社会市场经济的时代背景又决定了,我国的劳动法律规范在理论指引方面不能对欧美国家在劳动关系理论研究方面的既有成果实行拿来主义。因此,从立法技术上来讲,立法者进行相关制度安排时受到我国特定经济发展阶段的诸多限制,对未来中国经济发展趋势的预测能力也多有欠缺。故而,我国劳动法律规范中对劳动关系双方主体之核心利益的保护方式和保护程度都历史性地呈现出合理性与局限性矛盾共存的特点。

以《劳动法》的颁布实施为例,其历史使命是规范和调整国家从计划经济向市场经济转变过程中产生的劳动关系问题。一方面,为了帮助国有企业解决生产要素中最重要的劳动力要素问题,提高国有企业的活力和生产效率,国家希望通过《劳动法》的颁布和实施,从法律制度的层面允许用人单位取得"用工自由";另一方面,充分考虑到劳动者相对于用人单位的弱势地

位和其在计划经济向市场经济转型过程中的有限理性程度,国家要求《劳动法》以一系列强行性条款的规定来确保劳动者的合法权益在转型过程中不受非法侵害,从而维护劳动关系的和谐与稳定,起到促进市场经济有序发展的作用。而劳动者在经济转型过程中受到的冲击程度直接关系着劳动关系的稳定程度和和谐程度,因此,如何在法律规范中体现立法"维护劳动者合法权益"的决心始终是悬在立法者头顶的达摩克利斯之剑。然而,由于立法技术的限制,《劳动法》对劳动关系双方主体之核心利益的认知程度和保护方式均有所偏差,法律的实施效果差强人意。一个直观的检验标准就是,随着《劳动法》的颁布和实施,获得法定用工自由的国有企业倚仗其在劳动关系中的绝对优势地位通过国企改制、变国企职工终身制为短期合同制("打破铁饭碗")、减员增效等一系列举措,导致大量国企职工或下岗失业或利益大幅度减损。利益制度性地"合法减损"使本来就处于从属性地位的劳动者几乎束手无策,只能被动接受。而立法既未能对用人单位依法应给予劳动者的待遇进行有效监督,又未能对其侵犯劳动者合法权益的行为实现有效约束和防范,也未能针对这种局面及时开展有效的制度救济,导致用人单位和劳动者之间的矛盾长时间得不到行之有效的解决,引发了大量的群体性事件,为市场经济的法治化进程增加了很多阻力。

　　鉴于劳动合同尤其是书面劳动合同在确认劳动关系成立、规范劳动关系双方主体之间的权利义务分配,以及限制用人单位损害劳动者合法权益方面发挥的重要作用,认识到《劳动法》中与劳动合同有关的条款或者过于笼统或者过于粗糙,已经不能适应经济社会发展的需要,《劳动合同法》在其立法宗旨中将促成劳动合同制度的完善列在首位,希望通过立法对劳动合同制度的强制干预来明确主体之间的权利义务关系,维护劳动关系的和谐与稳定,并于 2008 年 1 月 1 日起开始实施。《劳动合同法》的立法宗旨表明了立法者对劳动关系双方主体之核心利益的态度:依然羞于明确表达对用人单位发展利益的维护,旗帜鲜明地表达其对劳动者予以倾斜性保护的立场,将用人单位发展与劳动者权益的双向保护意图模糊地嵌入"构建和发展和谐稳定的劳动关系"的内涵中。立法者在立法宗旨方面的言不由衷,必然会掣肘其立法技术层面的操作,降低法律对经济社会发展的干预力,最终影响到法律的供给效率。《劳动法》实施以后,劳动者在用人单位的服务年限与其相应的就业待遇不匹配的情况大量存在。随着市场经济的发展和科学技术的进步,社会分工的程度越来越深,生产流程越来越趋于固定和细化,劳动者的异化风险也就越来越大。因此,在现代企业管理和运行模式下开展工作的劳动者在用人单位的服务年限越长,其偏离人的全面发展的程度就越深,在劳动力市场上的竞争力就越弱。这使劳动关系中本来就处于弱势地位的劳动者境遇更加窘迫:随着工作年限的增长,劳动者的体能状况和工作能力都呈现下行趋势,然而处于优势地位的用人单位并不会因为劳动者过去已经创造的价值而主动保障劳动者的未来待遇,只愿意依据劳动者当前可能的价值贡献能力去支付相应的对价;不仅如此,随着劳动者在劳动力市场上竞争力的削弱,用人单位很可能选择能力更强的劳动者以更快获取经济利益,长期为之服务的劳动者因此随时面临失业的风险。《劳动合同法》针对上述情况在无固定期限劳动合同方面作了大量的强制性规定,试图以国家强制干预的方式要求用人单位对满足服务年限要求的劳动者负责到底。正如前文与无固定期限劳动合同有关的论证所表明的那样,《劳动合同法》在无固定期限劳动合同方面的相关强制和指引,既不符合用人单位降低成本、提高生产效率的发展利益,也并不能真正起到保障劳动者就业利益和待遇利益的实际效果,不能满足当下中国经济供给侧结构性改革在劳动法律规范方面的供给需求。因此,《劳动合同法》自颁布实施以来在理论界和实务中都因其低效而一直饱受争议和诟病,也受到了与其运行关系密切的相关国家行政机关和部门的批评①。

由此可见,对劳动关系双方主体之核心利益的掌控能力直接关乎劳动法律规范的效率。无论是《劳动法》《劳动合同法》,还是《劳动争议调解仲裁法》,立法者对传统劳动关系中双方主体核心利益掌控和维护程度的偏差,归根到底还是在于其对劳动关系从属性认知和运用方面的偏差。劳动关系的从属性是劳动法律规范对劳动者予以倾斜性保护的正当性根源,不应当成为其增加用人单位成本的理由。劳动法律规范希望以国家强制干预的方式要求用人单位让渡其部分利益,从而保障和维护劳动者的合法权益。在这种"劫富济贫"式的制度设计下,作为成熟市场主体的用人单位总能基于理性的成本分析来千方百计地规避那些守法成本高于违法成本的强制条

---

① 最集中的体现是2015年,时任我国财政部部长的楼继伟,先后三次在公开场合批评《劳动合同法》。楼部长认为《劳动合同法》降低了市场经济发展中劳动力市场的灵活性,增加企业的生产成本,限制企业的用工自由,不能平衡劳动者权益保护和用人单位发展要求之间的关系,最终损害了劳动者的根本利益。

款,而这个过程本身也会增加用人单位的生产成本;劳动者则因为法律的倾斜性保护反而被用人单位视为影响其生产成本的对立因素。至此,用人单位和劳动者的核心利益都受到减损,社会经济的发展和运行也因此而增加阻力。

本书认为,之所以会出现这种法律低效运行的情况,是因为立法者聚焦于用人单位与劳动者之间控制与被控制的不对等关系,将劳动关系的从属性简单化为劳动关系双方主体之间的对抗性,忽略了用人单位与劳动者之间的利益共存性,最终无法实现二者的核心利益。这个问题在新型劳动关系的认定与调整研究中显得尤为重要。与传统劳动关系相比,在互联网经济发展过程中产生的新型劳动关系具有鲜明的时代特征,互联网企业与互联网经济中劳动者之间的利益共享程度更高。互联网企业的核心利益诉求则是更加自由的发展空间,更加灵活的用工模式和管理方式,更有效率的资源配置方式和利益分配机制,更加合理的风险防范机制;互联网经济中劳动者的核心利益诉求则集中在更加丰富的就业资源,更加自主的劳动方式,更加及时的劳动报酬和更低成本的救济机制。由此,涉及新型劳动关系的认定与调整问题的制度设计就要突破现有劳动法律规范对传统劳动关系从属性趋于僵化和形式化的理解,立足于互联网企业和互联网经济中劳动者之间的核心利益诉求,重新构建新型劳动关系的从属性标准。以新型劳动关系从属性为立法起点,通过规范和调整新型劳动关系来维护和保障新型劳动关系双方主体之间的核心利益,使他们在各自的角色定位中互相成为利益实现的依托,共同促进互联网经济的持续发展,同时也共享互联网经济发展的成果,促进互联网经济中新型劳动关系的和谐与稳定。

三、优化新型劳动关系从属性认定标准的测评体系

优化新型劳动关系从属性认定标准的测评体系既是法治经济的必然选择,也符合马克思对劳动关系发展规律的分析和预测。法律制度的构建和发展应该顺应而不是阻碍市场经济的发展。正如前文所述,没有相对明确的新型劳动关系认定标准已经对"互联网＋"时代社会资源的重新整合和优化配置产生了负面刺激,也限制了新形势下利益保护机制和风险防范机制的合理构建。由此可见,现有的法律制度供给在新形势下正面临低效甚至缺位的窘迫。所以,在"互联网＋"快速发展的共享经济时代,构建新型劳动关系的认定标准已然成为法治经济的必然选择。

我国正处于社会主义初级阶段,在发展中出现的新情况、新问题,都可以而且应当到马克思主义政治经济学中去寻找答案。在空想社会主义理论家对劳动关系相关问题研究的基础上,马克思研究总结了资本主义劳动关系的形成条件、形成过程以及基本特征,并以此为研究基础,进一步分析和预测了共产主义劳动关系的发展规律:(1)劳动者共同占有生产资料是共产主义劳动关系的物质基础;(2)平等合作是共产主义劳动关系的基本特征;(3)共产主义劳动关系的真正目标是实现全社会人民的自由全面发展。我国互联网经济中的新型劳动关系正是我国社会主义初级阶段经济社会发展的必然产物,完全符合马克思对劳动关系发展规律分析和预测。

通过总结互联网经济中新型劳动关系的新特点、反思传统劳动关系认定标准在"互联网+"时代的局限性,本书认为有必要在学习和借鉴国内外研究成果的基础上,探索新型劳动关系认定标准的可能路径。虽然直接用美国加州最高法院在"Borello 案"中确立的测试体系(Borello Test)来认定我国"互联网+"时代的劳动关系难免水土不服,但是该体系的构建思路和路径探索依然值得我们借鉴。与测试体系(Borello Test)相比,美国联邦最高法院的"六要素"标准更加值得我们参考。从我国现阶段互联网经济发展的实际和新型劳动关系的特质来看,应当摒弃传统劳动关系中僵化、单一的从属性标准,构建一个相对开放、灵活的要素式综合测评体系。在要素选择上,本书认为,优化新型劳动关系从属性认定标准测评体系的要素选择应当围绕"从属性"要素和"劳动关系主体"要素两个层面来设计。

(一)认定标准之"从属性"要素考察

在互联网经济中,构建劳动关系认定标准的难点就在于重新界定劳动者之于互联网企业的"从属性",拓展"从属性"的张力。如前文所述,这种新型的劳动关系具有一系列不同于传统劳动关系的新特点,故而界定其从属性应当充分考虑这些新特点对认定标准提出的新要求。本书认为,应当突破传统劳动关系从属性审查中"同时具备全部情形"的僵化要求,充分考虑"互联网+"时代劳动关系的多元化、灵活性的特点,严格甄别从属性的测评要素和从属性的表现形式,构建一个以管理要素、收益分配要素为主要测评要素的从属性测评体系:

一是管理要素考察。互联网企业与劳动者之间通过直接实施奖惩或直接接受奖惩来达到管理与被管理、支配与被支配的目的。假设一家网约车平台以月为单位对其劳动者进行业绩评价,评价指标包括劳动者的准时率、拒单/悔单率、好评率、投诉率等。

上述评价指标和评价结果都在其 App 中显示,换言之,劳动者在订立合同之时就默认将自己置身于该互联网企业的考核体系之中,同意接受相应的管理和监督。互联网企业根据其 App 的反馈,就相关的数据进行权重分析进而作出整体评价,对被考核的劳动者直接实施相应的奖励或惩罚,从而完成对劳动者的实际管理。其中奖励措施主要包括:(1)增加派单频率;(2)货币奖励。惩罚措施主要包括:(1)减少派单频率;(2)暂停派单;(3)终止派单;(4)货币惩罚。实际上,在"互联网+"时代所谓的货币惩罚一般都只是象征意义的,比如网约车司机取消订单一般只需要不到 1 元人民币的"取消费"以示小惩大诫。真正对劳动者有约束意义的是派单频率的增减,因为劳动者的收入与其被派单的次数成正相关。由此可见,互联网企业能否直接对劳动者实施奖励或者惩罚是管理要素是否具备的重要测评指标。

管理要素考察对司法裁判具有重要的指导意义。如果劳动者工作机会的获得取决于互联网企业的统筹分配,则倾向于认定为劳动关系;如果劳动者工作机会的获得取决于其劳动力购买者的选择,即使劳动者作出选择的依据来源于平台提供的数据(比如好评率、交易完成率等),也依然倾向于不认定为劳动关系。因为此时"互联网+"平台的角色是媒介而非管理者。

二是收益分配要素考察。考察收益分配要素是否符合从属性要求的一个重要切入点即互联网企业对劳动者薪酬获得的干预程度。如果互联网企业对劳动者的服务过程能够实施有效的监督,确认其服务已经按要求达成后,劳动者才可以按照一定标准获得其薪酬,则倾向于认定为劳动关系;如果劳动力购买者根据其对劳动者服务验收的满意程度来决定是否向劳动力支付对价,而无须向互联网企业反馈,则倾向于不认定为劳动关系。至于支付的对价是直接归于劳动者个人还是先统一归于互联网企业,然后按照约定的收益分配方式支付给劳动者,并不能直接作为收益分配要素的考察指标。

另外,考察从属性应当排除其表现形式的干扰。是否佩戴统一的工作牌、是否统一着工作服等都只是从属性的可能表现形式,它们与是否具有从属性并没有直接的因果关系,不应作为考察从属性的测评要素。

(二)认定标准之"劳动关系主体"要素考察

如何考察这种新型劳动关系中的主体是否适格?回答这个问题前我们有必要知道"互联网+"时代企业之于市场的价值。在"互联网+"时代到来之前,传统行业通过价格机制来调节生产,"互联网+"对经济增长的贡献就在于由互联网企业来替代价格机制能够降低交易成本,优化社会资源配置。因此,认定"互联网+"时代劳动关系中的适格主体应当突破传统劳动关系中主体认定的桎梏,排除以下障碍:

一是允许劳动者参与社会资源的重新整合。以网约车为例,在否认"互联网+"时代存在劳动关系的理由中,很重要的论据就是许多网约车平台都是由劳动者自行提供车辆这一劳动工具,并据此得出成立承揽关系而非劳动关系的结论,这在传统劳动关系的认定中似乎无可厚非。然而在"互联网+"时代,大部分劳动者使用的都是已经取得合法使用权或所有权的车辆。在当代中国,私家车已然成为日常生活的必要生活资料。依据马克思的观点,"一个使用价值究竟表现为原料、劳动资料还是产品,完全取决于它在劳动过程中所起的特定的作用,取决于它在劳动过程中所处的地位,随着地位的改变,它的规定也就改变"①,用于网约车运营的私家车就同时具备了生活资料和生产资料的双重属性。从这个意义上讲,使用自己提供的车辆并不是要求劳动者进行投资,而是基于"互联网+"背景对现有社会资源的重新整合,体现了"互联网+"平台优化在配置社会资源、降低交易成本方面的天然优势。

二是在不损害劳动者核心利益的前提下,允许互联网企业与劳动者约定利益分配模式。如前文所述,互联网企业与其劳动者之间的地位趋于平等,传统劳动关系中对劳动者的倾斜性保护不仅缺乏现实必要性,也不利于互联网企业的增长。如果无视新形势下这种主体之间力量对比的现实状况,为了给予劳动者不必要的过度保护而要求互联网企业承当与传统用人单位无差别的义务,将会导致阻碍"互联网+"经济可持续增长的不利后果,最终会损害身在其中的劳动者的核心利益,妨碍互联网经济中和谐劳动关系的构建。

三是"相对性"考察。这一要素主要是考察消费者面对的是劳动者本身,还是劳动者所服务的互联网企业。如果消费者只是借助互联网平台提供的信息搜索到其满意的劳动者,具体的劳动过程和薪酬支付均由消费者和劳动者自行协商完成,则倾向于不认定为劳动关系,例如个人通过"58同城"雇佣家政服务人员;如果消费者是向互联网企业购买服务,劳动者是基

---

① 《资本论》(第4卷),人民出版社2004年版,第213页。

于互联网企业的分配并按照指定的时间段和劳动过程以互联网企业的名义来提供服务的,则倾向于认定为劳动关系,例如消费者在美团网订购外卖。前者的法律后果归于劳动者个人,后者的法律后果归于互联网企业。

四是实行举证责任倒置。将不成立劳动关系的举证责任分配给互联网企业,由互联网企业承担败诉风险。虽然"互联网＋"时代劳动者的地位有了极大的提高,但是一旦发生与认定劳动关系相关的诉讼,劳动者在资金投入和法律资源的获得方面与互联网企业相比依然处于相对弱势的地位。因此,有必要在劳动者权益保护方面保持有限的倾向性。

综上所述,因为新型劳动关系呈现出"互联网＋"时代的新特点﹒用传统劳动关系的认定标准已经不能对之予以科学地界定和评价。这不仅冲击了理论界对劳动关系概念的既有结论,也在司法裁判中凸显了现有法律制度在"互联网＋"时代的滞后、低效甚至缺位。但是,挑战总是与机遇并存的,制度不均衡恰是推动制度创新的动因。制度创新的关键则在于构建"互联网＋"时代新型劳动关系的认定标准,本书立足于此略尽绵力,期待这种新型劳动关系早日纳入成文法的调整范围之内,让法律制度为互联网经济的发展施以动力、保驾护航。

第五章　调整新型劳动关系的主要法律制度的效率分析

　　我国与劳动关系的调整相关的法律法规包括《劳动法》《劳动合同法》《劳动争议调解仲裁法》《社会保险法》《工资支付条例》《工伤保险条例》及其相关的实施细则、实施办法和有关司法解释等。其中与互联网经济中新型劳动关系的认定及调整关系密切的主要劳动法律包括《劳动法》《劳动合同法》《劳动争议调解仲裁法》以及相关实施细则和司法解释。为了讨论的便利,本章节主要分析《劳动法》《劳动合同法》《劳动争议调解仲裁法》调整互联网经济中新型劳动关系的效率。

第一节　《劳动法》调整新型劳动关系的效率分析

一、《劳动法》对互联网企业进行激励与规制的效率分析

　　本书认为,分析现行法对互联网企业进行激励的效率,应当以其核心利益的实现程度为考察指标。如前文所述,互联网企业的核心利益诉求集中体现在更加自由的发展空间,更加灵活的用工模式和管理方式,更有效率的资源配置方式和利益分配机制,更加合理的风险防范机制。如果通过现行劳动法律制度的调整,降低了互联网企业获得上述利益诉求的交易成本,我们就说该法律制度有效地完成了对互联网企业的激励;反之,则是低效甚至无效的,在构建与新型劳动关系调整有关的法律制度安排时,需要作出相应的调整。为了讨论的便利,本书将与利益诉求中"更加自由的发展空间、更加灵活的用工模式和管理方式、更有效率的资源配置方式"有关的要素统称为影响互联网企业自生能力的要素,由此,分析我国现有的三部主要劳动法律对互联网企业进行激励的效率问题就分解为三个方面的内容:是否有利于提高互联网企业的自生能力,是否有利于互联网企业合理地进行利益分配,是否有利于互联网企业科学地防范风险。

　　权利和义务是法学的核心范畴,法以权利和义务为机制来调整人的行

为和各种社会关系。具体来说,"权利和义务贯穿于法律现象中具有逻辑联系的各个环节、法律的一切部门和法律运行的全部过程"①。因此,我国现行的劳动法律制度,就是要通过分配权利和义务来调整用人单位和劳动者的行为,进而调整劳动关系。又因为以法理学的视角,权利和义务之间在结构上、数量上、功能上以及价值意义上分别具有相关关系、等值关系、互补关系以及主次关系。②按照权利本位的思想,义务的履行也是为了保障权利的实现。具体到互联网经济中,要考察现行劳动法律制度能否实现对互联网企业的有效激励,就是要考察现行劳动法律制度中与用人单位权利和劳动者义务相关的法律规定,是否有利于提高互联网企业的自生能力,是否有利于互联网企业合理地进行利益分配,是否有利于互联网企业科学地防范风险。

从法理学的角度,没有无权利的义务,也没有无义务的权利。然而,我国《劳动法》总则中却只是描述性地列举了劳动者依法应当享有的权利③和用人单位依法应当履行的义务④,仅在列举了劳动者依法应当享有的权利之后,对劳动者应当履行的义务进行了相对模糊的安排,劳动者应当履行的义务缺乏相应的量化标准。正如本书第四章中关于劳动关系从属性的论述所表明的那样,《劳动法》之所以会在用人单位和劳动者之间作出这种"瘸腿式"的权利义务安排,是立法者基于劳动关系从属性而在制度安排上给予劳动者的倾斜性保护。受法律制度滞后性和当时立法技术的限制,即使是在颁布实施之初,《劳动法》也未能很好地实现其立法目的。随着我国市场经济的不断发展,《劳动法》对传统劳动关系的调整一直处于低效运行的状态。当下,距离 1995 年《劳动法》的实施已经跨越了二十多年的时空维度,考察其能否在自生能力、利益分配和防范风险等方面对互联网企业起到激励作

---

① 张文显主编:《法理学》,高等教育出版社、北京大学出版社 2011 年版,第 91~92 页。

② 张文显主编:《法理学》,高等教育出版社、北京大学出版社 2011 年版,第 98~100 页。

③ 按照《劳动法》第 3 条的规定,劳动者享有平等就业和选择职业的权利、取得劳动报酬的权利、休息休假的权利、获得劳动安全卫生保护的权利、接受职业技能培训的权利、享受社会保险和福利的权利、提请劳动争议处理的权利以及法律规定的其他劳动权利。劳动者应当完成劳动任务,提高职业技能,执行劳动安全卫生规程,遵守劳动纪律和职业道德。

④ 按照《劳动法》第 4 条的规定,用人单位应当依法建立和完善规章制度,保障劳动者享有劳动权利和履行劳动义务。

用,应当综合分析其立法背景和法律规范背后的价值取向,以历史性的、阶段性的和发展的观点对其作出相对客观的评价。

《劳动法》总共由 107 条法律条款组成,其中与用人单位权利相关的法律条款只有 16 条,分别涉及用人单位有权要求劳动者完成其分配的劳动任务、有权要求劳动者遵守劳动纪律和职业道德、有权在劳动合同中约定试用期、有权要求劳动者保守商业秘密、有权在满足法定条件时与劳动者解除劳动合同或裁员、有权要求劳动者解除合同时依法履行通知义务、有权在满足法定条件时延长劳动者的工作时间、有权在最低工资标准基础上依法自主确定本单位的工资分配方式和工资水平、有权依法按照"一协一商一裁两审"的劳动争议处理机制解决劳动争议等内容。这些法律规定与用人单位核心利益要素之间的关联如表 5-1 所示。

表 5-1　相关法律规定与用人单位核心利益的关联分析表

与自生能力相关的规定	与利益分配相关的规定	与风险防范相关的规定
1.有权要求劳动者完成其分配的劳动任务; 2.有权要求劳动者遵守劳动纪律和职业道德; 3.有权在劳动合同中约定试用期; 4.有权要求劳动者解除合同时依法履行通知义务; 5.有权在满足法定条件时延长劳动者的工作时间。	有权在最低工资标准基础上依法自主确定本单位的工资分配方式和工资水平。	1.有权要求劳动者保守商业秘密; 2.有权在满足法定条件时与劳动者解除劳动合同或裁员; 3.有权依法按照"一协一商一裁两审"的劳动争议处理机制解决劳动争议。

资料来源:根据相关法律规定自行分析整理。

按照马克思主义历史唯物主义的观点,要考察《劳动法》能否对新型劳动关系中的互联网企业实现有效的激励,有必要先考察《劳动法》出台时我国经济发展的阶段和特点;《劳动法》的颁布和实施肩负着怎样的历史使命;国家希望通过《劳动法》的运行达到怎样的经济目的;《劳动法》的实际运行效率如何,是否实现了它的这部分立法目的。国家的经济形势始终处在动态发展的过程中,改革开放以来,我国大体上经历了供给侧综合性改革阶段、需求侧改革阶段、供给侧结构性改革阶段这三个阶段。[①] 在 1978—1998 年的供给侧综合性改革阶段,我国经济发展的主要矛盾既有供给总量的不足,又有供给结构的失衡。这一阶段是计划经济向市场经济转型的过渡和完成阶段,要提高劳动力这一最重要的生产要素的供给效率,就必须从制度上解决用人单位的用工自由问题。本书认为,用工自由至少应当包含两个方面的含义:第一,劳动力市场上有充分的劳动力资源支撑用工需求;第二,用人单位可以按照自己的生产计划自主支配劳动者,包括劳动关系的建立与解除、终止,也包括根据本单位的生产能力和劳动者创造的价值来安排劳动者的工作内容和薪酬待遇。由于其起草、颁布和实施均发生在我国供给侧综合性改革阶段的后期,可以说,《劳动法》是对改革开放近二十年来的各项劳动政策的总结和确认,从国家劳动基准法的高度确认了我国市场经济劳动力市场的基本运行法则,标志着我国市场经济的劳动法治进程进入了一个全新的阶段,是市场经济法治化进程中的重要成果。

从《劳动法》的实施效果来看,对国有企业而言确实迎来了自由用工的春天。劳动合同制的推行打破了国有企业职工的职业终身制,国有企业对职工不再需要一管到底,而是根据职工对企业的贡献程度来决定其待遇标准。如果单一地考察这一方面,本书认为,《劳动法》至少在实施之初,能够对用人单位实现一定程度的激励。然而,正如本书第四章所论证的那样,立法者基于劳动者在劳动关系中的从属性地位,为了防止用人单位利用其优势地位损害劳动者的合法权益,通过对用人单位苛以义务的方式规定了从就业到待遇保证、从劳动关系的建立到劳动争议的解决等一系列条款,意图对劳动者予以倾斜性保护。因此,就出现了《劳动法》在用人单位权利赋予和劳动者权利赋予方面的严重失衡。然而,市场经济中用人单位降低成本、追逐利润的经济本能不会因为《劳动法》的诸多限制而自觉克制。为了提高生产效率,用人单位有降低劳动力这一重要的生产要素的使用成本的内在需求,而法律赋予的权利又不足以支撑这一需求。此时,用人单位就可能利用其在劳动关系中的优势地位,不断突破法律为劳动者确立的利益边界,损害劳动者的合法权益。用人单位突破劳动者的利益边界主要有两种方式:

一是在行使法律赋予的权利时,不履行行使该权利必须履行的义务。

---

① 阎天:《供给侧结构性改革的劳动法内涵》,载《法学》2017 年第 2 期。

比如按照《劳动法》的规定,用人单位满足法定的程序和条件时,可以依法延长劳动者的工作时间,同时也规定了延长工作时间的限制性条件和工资支付标准。[①] 相关强制性条款的规定本意在于兼顾用人单位的实际生产需要和劳动者的合法权益。虽然《劳动法》第 90 条规定了发生用人单位非法延长劳动者工作时间的情形时,用人单位应承担相应的法律责任,劳动行政部门可以视情节对其进行警告、责令改正,并可以处以罚款。然而,我国的劳动行政监察制度几乎形同虚设,甚少主动对用人单位进行有效监督和问责。在实践中,由于没有在制度上受到行之有效的监督和制约,用人单位极易利用其在劳动关系中的优势地位,非法延长劳动者的工作时间,或者以各种理由拒绝支付或者低于法定标准支付加班费。从理论上讲,《劳动法》的相关规定赋予了劳动者据理力争的底气和依法维权的路径。可实际上,对广大劳动者来说,失去职业终身制保障之后产生的对职业不稳定风险的畏惧,很容易让他们作出就业利益大于待遇利益的判断,客观上加深了劳动关系双方主体之间的地位不对等程度,用人单位因此而获得法外收益。

二是不按法律规定的要求去确保劳动者权利的实现。比如《劳动法》明确规定了用人单位应当按比例为劳动者缴纳社会保险费,[②]但落实到执行层面,特别是劳动密集型产业中,用人单位不按法律规定的标准为劳动者缴纳保险费甚至不给劳动者办理社会保险的情况大量存在。由于劳动行政监督的缺位和劳动者的就业压力,用人单位在侵占劳动者利益边界的问题上几乎有恃无恐。

---

① 《劳动法》第 41 条规定,用人单位由于生产经营需要,经与工会和劳动者协商后可以延长工作时间,一般每日不得超过 1 小时;因特殊原因需要延长工作时间的,在保障劳动者身体健康的条件下延长工作时间每日不得超过 3 小时,但是每月不得超过 36 小时。《劳动法》第 42 条规定,有下列情形之一的,延长工作时间不受本法第 41 条规定的限制:(1)发生自然灾害、事故或者因其他原因,威胁劳动者生命健康和财产安全,需要紧急处理的;(2)生产设备、交通运输线路、公共设施发生故障,影响生产和公众利益,必须及时抢修的;(3)法律、行政法规规定的其他情形。《劳动法》第 43 条规定,用人单位不得违反本法规定延长劳动者的工作时间。《劳动法》第 44 条规定,有下列情形之一的,用人单位应当按照下列标准支付高于劳动者正常工作时间工资的工资报酬:(1)安排劳动者延长工作时间的,支付不低于工资的 150% 的工资报酬;(2)休息日安排劳动者工作又不能安排补休的,支付不低于工资的 200% 的工资报酬;(3)法定休假日安排劳动者工作的,支付不低于工资的 300% 的工资报酬。

② 《劳动法》第 72 条规定,社会保险基金按照保险类型确定资金来源,逐步实行社会统筹。用人单位和劳动者必须依法参加社会保险,缴纳社会保险费。

通过上述分析,本书认为,《劳动法》在一定程度上可以实现对新型劳动关系中互联网企业的激励,其希望通过实现用工自由的方式降低用人单位劳动力使用成本的制度设计与新型劳动关系中互联网企业降低劳动力使用成本的内在需求有极高的契合度。从我国现阶段的经济发展形势来看,供给侧结构性改革对生产要素的供给效率提出了更高的要求。《劳动法》释放劳动力市场、满足用人单位用工需求的立法意图在互联网经济中依然具有重要的意义。互联网经济的一个重要优势,就是通过"互联网＋"来实现对分散劳动力的有效整合,降低劳动力市场的交易成本,从而提高生产效率。然而,《劳动法》在对劳动者进行倾斜性保护时,过于强调强制性条款对用人单位的约束力,忽略了因我国劳动行政监督制度的低效和劳动者维权的现实困难而导致的法律供给的低效率。劳动者的合法权益不能得到有效的维护和救济,劳动积极性和创造性都会受到负面影响,导致生产效率降低,最终也会损害用人单位的核心利益。这个问题在互联网经济中更加凸显。在新型劳动关系中,互联网企业与劳动者之间的从属性关系有了新的表现形态,二者之间的利益对抗程度大大降低。《劳动法》调整传统劳动关系时,在用人单位和劳动者之间权利义务分配的不平衡,不利于对新型劳动关系中的互联网企业实现激励。

二、《劳动法》对互联网经济中劳动者权益保护的效率分析

考察《劳动法》对互联网经济中劳动者权益进行保护的效率,同样以其调整是否符合互联网经济中劳动者的核心利益为标准。互联网经济中劳动者的核心利益诉求集中在更加丰富的就业资源、更加自主的劳动方式、更加及时的劳动报酬和更低成本的救济机制。如果通过现行劳动法律制度的调整,降低了互联网经济中劳动者获得上述利益诉求的交易成本,我们就说该法律制度有效地实现了对互联网经济中劳动者的激励;反之,则是低效甚至无效的,在构建与新型劳动关系的认定与调整问题有关的法律制度安排时,需要作出相应的调整。《劳动法》更侧重于对劳动者的就业利益实施倾斜性保护。《劳动法》赋予用人单位尤其是国有企业充分的用工自由权利,使得大量在计划经济体制下享受职业终身制保障的国企职工成为市场经济劳动力市场上的普通劳动者。对当时的劳动者而言,生存权成了劳动权所蕴含的主要含义。为了从制度上帮助劳动者解决就业问题,《劳动法》在第二章专门规定了促进就业的相关内容,分别涉及国家扶持就业(第 10 条)、职介

机构发展(第 11 条)、就业平等(第 12 条)、就业男女平等(第 13 条)、特殊人员的就业(第 14 条)、禁止招聘未成年人和特殊行业的相关规定(第 15 条)等方面。《劳动法》专辟一章来规定与促进就业有关的内容,足以表明立法者对劳动者就业利益的重视。然而,本书认为,《劳动法》在促进就业方面的规定还停留在宏观层面,更多代表着国家在促进就业方面的态度和导向。实际上,以上 6 条与促进就业有关的条款中,只有第 10 条和第 11 条涉及促进就业的具体措施的,其余 4 条更多的是与就业有关的原则性规定和反歧视规定。虽然与就业有关的原则性规定和反歧视规定有利于劳动者在劳动力市场受到公正的对待,但由于缺乏有效的监督和约束机制,几乎被用人单位束之高阁。

　　《劳动法》第 10 条从国家层面表达了促进就业的三个路径:其一,促进就业需要具备一定的物质基础,这个物质基础就是社会经济的发展。国家积极采取措施来促进社会经济的发展,就是在夯实劳动者实现就业的物质基础,为改善就业条件、拓展就业渠道做好物质准备。其二,国家对各经济实体依法拓展经营及兴办产业的行为持积极鼓励的态度,增加劳动者的就业机会。其三,为了进一步拓展广大劳动者的就业途径,对劳动者的自主就业行为,国家也是持支持和鼓励的态度的。① 应该说,《劳动法》第 10 条的规定在互联网经济中依然具有重要的意义。首先,在互联网经济中,劳动者的就业利益实现的深度和广度,取决于互联网经济的发展水平,而互联网经济的发展水平则依赖于互联网企业的生产能力。由此,新型劳动关系中劳动者的就业利益与互联网企业的发展利益形成了正相关关系。《劳动法》的这一规定所代表的立法态度,契合了互联网经济中劳动者在就业利益方面的需求:互联网企业降低生产成本、提高生产效率,能够促进互联网经济的进一步繁荣,为互联网经济中的劳动者实现就业创造坚实的物质基础。其次,《劳动法》第 10 条明确表达了国家对各经济实体依法兴办产业或者拓展经营的鼓励态度,目的是增加就业。而互联网经济正是通过将各种传统产业"+"到互联网平台上来,利用互联网平台的资源整合优势和信息获得优势来降低传统产业的交易成本、拓展传统产业的市场份额,从而为互联网经

---

　　① 《劳动法》第 10 条规定,国家通过促进经济和社会发展,创造就业条件,扩大就业机会。国家鼓励企业、事业组织、社会团体在法律、行政法规规定的范围内兴办产业或者拓展经营,增加就业。国家支持劳动者自愿组织起来就业和从事个体经营实现就业。

济中的劳动者提供更加丰富的就业资源,增加就业。最后,《劳动法》第10条支持劳动者实现自主就业的立法态度,依然适用于互联网经济中的劳动者。互联网经济为大众创新、万众创业提供了广阔的平台,互联网平台对分散社会资源的整合能力,使得互联网经济中的劳动者从某种程度上来讲既是就业者也是创业者。

根据《劳动法》第11条的有关规定,地方各级人民政府应当通逅依法采取积极措施、帮助发展职业介绍机构(常见的如职介所)等方式,为广大劳动者提供与就业相关的服务。从立法目的来看,《劳动法》的这一规定是为了解决劳动者的就业需求与就业信息之间的对接问题,降低劳动者因信息不对称而产生的就业成本。实际上,在前互联网经济时代,各种类型的职业介绍所,包括后来更为正规、高端的猎头公司,都是因为传统产业中就业需求与就业信息之间的信息壁垒而广泛存在的。劳动者向职业中介机构支付一定的对价来购买就业信息,虽然增加了一定的就业成本,但是该成本低于劳动者自己寻找就业机会所需要付出的成本,有利于传统产业中的劳动者实现就业。在互联网经济中,该条款的内容已经不具有现实必要性。互联网经济中的劳动者可以通过互联网平台以极低的成本搜索到丰富的就业资源,传统产业中因信息壁垒而获得生存空间的职业中介机构在互联网经济中已经没有存在的必要,或者也可以理解为,互联网平台本身就是互联网经济中的劳动者与互联网企业之间的最大的"职业介绍所",致力于降低互联网经济中劳动力市场的交易成本,保证劳动者的就业利益。

由此可见,《劳动法》在促进就业方面的相关规定,能够对劳动者的就业利益实现一定的激励。然而,由于相关法律规范的内容过于宏观、笼统,虽然表达了国家层面促进劳动者就业的态度,但是缺乏切实有效的具体规定,比如具体如何降低劳动力市场的交易成本,如何促使用人单位降低成本、提高生产效率等。因此,本书认为,从立法意图上看,《劳动法》在维护互联网经济中劳动者的就业利益方面能够起到积极作用,但由于其立法技术的欠缺,尚不足以实现其在维护互联网经济中劳动者就业利益的有效供给。

第二节 《劳动合同法》调整新型
劳动关系的效率分析

一、《劳动合同法》对互联网企业进行激励与规制的效率分析

考察《劳动合同法》对互联网企业进行激励与规制的效率,同样也不能脱离《劳动合同法》的立法背景和立法宗旨。与《劳动法》肩负为供给侧综合性改革释放劳动力市场活力、解决用人单位用工自由的历史使命不同,《劳动合同法》可以说是对我国经济发展中十年需求侧改革(1998年至2008年)在劳动法制方面的总结。为了与"扩大内需"这一需求侧改革手段相适应,满足经济发展过程中对消费需求的迫切要求,《劳动合同法》致力于偏重维护劳动者的待遇利益,在《劳动法》的基础上,进一步强化了对劳动者予以倾斜性保护的力度。此时,立法者依然将劳动者与用人单位置于利益相悖的对抗境地,从立法技术上来讲,加重对劳动者倾斜性保护程度的制度设计就是用法律强制的方式要求用人单位让渡一部分利益给劳动者。至于法律规定是否有利于提高互联网企业的自生能力,是否有利于互联网企业合理地进行利益分配,是否有利于互联网企业科学地防范风险,立法者似乎无暇顾及。从这个意义上讲,无论是在立法背景、立法宗旨,还是在立法技术上,《劳动合同法》对用人单位的激励都是有限的,更偏重于对用人单位的规制。

互联网经济所催生的新型劳动关系是以我国当下供给侧结构性改革为经济发展背景的,新型劳动关系中的互联网企业与传统劳动关系中的用人单位相比,对发展中的核心利益诉求有了更高的要求。《劳动合同法》以增加用人单位成本的方式来保障劳动者待遇利益的制度设计,对于新型劳动关系中的互联网企业而言,既存在激励方面的先天不足,也欠缺规制方面的现实必要。

本书认为,对互联网企业进行规制,目的是防止互联网企业利用其在新型劳动关系中的优势地位,以短期利益获得为出发点,侵占互联网经济中劳动者的利益边界,打破新型劳动关系的动态平衡,反过来压缩企业自身的发展空间,阻碍互联网经济的发展。《劳动法》和《劳动合同法》都面临出台即滞后的尴尬,对新型劳动关系的认定与调整研究具有重要的启示:劳动法律制度的设计应当把握双方的核心利益诉求和经济发展规律,增强法律的预

测功能和持久干预能力。强制性条款围绕核心利益展开,其余的均交给市场。用制度引导而非强制主体作出理性选择。另外,《劳动法》和《劳动合同法》对不同类型的用人单位实行无差别对待,要求不同类型的市场主体整齐划一地执行法律的强制性规定,就可能造成劳动法律制度供给的结构性不足,不利于和谐劳动关系的构建,制约了我国的劳动法治进程。

二、《劳动合同法》对互联网经济中劳动者权益保护的效率分析

考察《劳动合同法》对互联网经济中劳动者权益进行保护的效率,也是以其调整是否符合互联网经济中劳动者的核心利益为标准。《劳动合同法》更侧重于对劳动者的待遇利益实施倾斜性保护。1998—2008 年的十年,是我国经济发展实施需求侧改革的十年,《劳动合同法》的起草、颁布和实施是对我国这一阶段劳动法制的确认和总结,归根到底是为需求侧改革中经济增长的"内需"引擎增加动能的。广大劳动者的消费能力直接关系着国家扩大内需政策的实施成效,而消费能力取决于劳动者的待遇利益能否落实。要达到通过消费来拉动内需的目的,劳动者的待遇利益则至少应当包括两个层面的含义:一是劳动者当下能够依法获得合理的报酬、享受相应的福利,这是可能消费的物质基础;二是劳动者具备一定的风险防范能力,其当下的合理消费不至于造成以后生产生活将难以为继的困境,这是可以消费的现实保障。然而,从当时劳动者消费能力不足且消费意愿压制的情况来看,以供给侧综合性改革为立法背景的《劳动法》在维护劳动者待遇利益方面的解释力和干预力都极其有限。当法律不能提高经济发展的效率而是相反时,就需要对相应的法律制度进行调整和修正,以使其适应社会经济发展的需要,《劳动合同法》因此应运而生。尽管《劳动合同法》的起草、颁布和实施自始就肩负着保障劳动者待遇利益落到实处的历史使命,本书依然认为,《劳动合同法》的相关规定不能在维护互联网经济中劳动者的待遇利益方面实现有效的法律供给。

第一,从法理上看,虽然《劳动合同法》致力于落实劳动者的待遇利益,但其服务的经济目的与我国现阶段供给侧结构性改革进程中互联网经济的发展目的存在巨大的差异。《劳动合同法》的经济使命在于通过解决劳动者的待遇利益的方式来提高劳动者的消费能力,从而达到扩大内需的目的。这隐含着立法时立法者对传统劳动者绝对弱势地位和维权能力欠缺的认知。为了多层面提升劳动者的消费能力,《劳动合同法》中规定了一系列可以保证劳动报酬落实的强制性条款,比如建立劳动报酬支付令制度①、劳动者有权就劳动报酬与用人单位进行集体协商②、规定了用人单位违反最低工资标准的法律责任③等。从客观上讲,《劳动合同法》颁布实施以后,劳动者在待遇利益方面确实得到了很大的改善,对用人单位非法损害劳动者合法权益的行为起到了规制和震慑效果,提高了劳动者的维权意识和维权能力。然而,《劳动合同法》对劳动者实行的这种家长式的保护方式,对在供给侧结构性改革背景中发展起来的互联网经济中的劳动者而言,并不是法律制度的最优供给。通过前文的相关论证,本书认为,《劳动合同法》关于保障劳动者待遇利益的有些强制性规定,对互联网经济中的劳动者来说缺乏现实必要性。不仅如此,这些规定可能还会反过来成为互联网经济中劳动者身份受到质疑的理由。待遇问题本是根据劳动关系双方主体之间的权利义务分配而衍生出来的问题,不应当反过来成为判断劳动关系是否成立的理由。

第二,从立法技术上看,《劳动合同法》以牺牲用人单位的一部分发展利益为代价来确保劳动者落实待遇利益的制度设计,即使在调整传统劳动关系时也曾饱受争议和诟病,更不能有效地调整互联网经济中的新型劳动关系。在互联网经济中,互联网企业与互联网经济中的劳动者之间的利益具有广泛的一致性。《劳动合同法》这种以国家强制的方式迫使用人单位让渡其一部分利益来保障劳动者享有相应待遇的方式,并不能从根本上达到持续改善劳动者待遇的目的,有治标不治本的嫌疑。更何况,即使是"治标",

---

① 《劳动合同法》第85条规定,用人单位应当按照劳动合同约定和国家规定,向劳动者及时足额支付劳动报酬。用人单位拖欠或者未足额支付劳动报酬的,劳动者可以依法向当地人民法院申请支付令,人民法院应当依法发出支付令。

② 《劳动合同法》第51条规定,企业职工一方与用人单位通过平等协商,可以就劳动报酬、工作时间、休息休假、劳动安全卫生、保险福利等事项订立集体合同。集体合同草案应当提交职工代表大会或者全体职工讨论通过。集体合同由工会代表企业职工一方与用人单位订立;尚未建立工会的用人单位,由上级工会指导劳动者推举的代表与用人单位订立。

③ 《劳动合同法》第85条规定,用人单位有下列情形之一的,由劳动行政部门责令限期支付劳动报酬、加班费或者经济补偿;劳动报酬低于当地最低工资标准的,应当支付其差额部分;逾期不支付的,责令用人单位按应付金额50%以上100%以下的标准向劳动者加付赔偿金:(1)未按照劳动合同的约定或者国家规定及时足额支付劳动者劳动报酬的;(2)低于当地最低工资标准支付劳动者工资的;(3)安排加班不支付加班费的;(4)解除或者终止劳动合同,未依照本法规定向劳动者支付经济补偿的。

也往往因为用人单位的优势地位而面临保护落空的风险。从一定程度上讲，国家通过《劳动合同法》的实施来保障劳动者待遇利益实现的愿望并未实现。例如，国家领导人多次出面替农民工"讨薪"，一方面体现了国家层面对农民工利益的极大关注，是国家领导人重视民生问题的具体体现；另一方面，这也暴露了我国劳动法制在维护劳动者，尤其是从属性程度更深、维权能力更低的低端劳动者的合法权益方面的供给低效状况。而在立法态度上更偏重于维护劳动者待遇利益的《劳动合同法》并不能对此实行有效的干预。互联网经济的开放性、共享性和平等性，意味着互联网经济中的劳动者具有更加丰富的信息资源，更加便捷的信息共享渠道，更加理性的维权意识和更强的维权能力。对传统劳动关系的干预力尚且有限，《劳动合同法》中与劳动者待遇利益有关的相关强制性规定在新型劳动关系中的干预能力显得更加低效。

综上所述，互联网经济中的劳动者的核心利益诉求集中在更加广阔的就业空间，更加自主的劳动方式，更加及时的劳动报酬和更有效率的风险防范机制。这就意味互联网经济中的劳动者对互联网经济中劳动权的自由权属性有了更高的要求。《劳动合同法》维护劳动者待遇利益的相关规定更多地彰显了劳动权的社会权属性，因此不能有效地调整和规范互联网经济中劳动者的待遇问题。不仅如此，其过于周延的保护规则还增加了认定互联网经济中的劳动者身份、维护互联网经济中劳动者的合法权益等方面的救济成本，亟须进行相应的修订和完善。

第三节　《劳动争议调解仲裁法》调整新型劳动关系的效率分析

一、《劳动争议调解仲裁法》对互联网企业进行激励与规制的效率分析

考察《劳动争议调解仲裁法》对互联网企业进行激励与规制的效率，同样也不能脱离其立法背景和立法目的。《劳动争议调解仲裁法》在其总则的第1条就对立法目的进行了明确的规定，将劳动争议得到及时公正的解决、当事人的合法权益得到有效维护，以及劳动关系的和谐稳定得以推进作为其立法目的。为了分析其立法目的，有必要了解《劳动争议调解仲裁法》的

立法过程。在《劳动争议调解仲裁法》出台之前，由 1995 年《劳动法》以及与其同年开始实施的《劳动争议处理条例》来调整与劳动仲裁相关的争议或纠纷。从 1995 年《劳动法》《劳动争议处理条例》的实施到 2007 年《劳动争议调解仲裁法》的实施，我国经济发展阶段经历了从供给侧综合性改革阶段到需求侧改革阶段的过程，立法背景的差异性会导致立法目的的调整。鉴于在本章的前两节中已经对相关立法背景及其对立法目的的影响做了分析和说明，此处不再赘述。《劳动争议调解仲裁法》对 1995 年《劳动法》以及与其同年开始实施的《劳动争议处理条例》的不足之处进行修正和调整，对二者的矛盾之处予以统一，体现了我国劳动法律规范的进步。[①] 按照新法优于旧法及特别法优于普通法的法律适用原则，《劳动争议调解仲裁法》颁布实施以后，在不违反宪法和劳动法基本原则和宗旨的前提下，我国劳动法律规范对劳动仲裁的调整就以《劳动争议调解仲裁法》的规定为准。

关于对互联网企业的激励问题，纵观整部《劳动争议调解仲裁法》，本书认为，即使是调整传统劳动关系，该法对用人单位的激励也是不足的。对于在我国经济发展供给侧结构性改革阶段发展起来的互联网经济而言，出台于我国经济发展需求侧改革阶段后期的《劳动争议调解仲裁法》对互联网企业的激励是有限的。《劳动争议调解仲裁法》中对互联网企业的激励通过该法第 49 条的规定体现出来。该法第 49 条规定了互联网企业得以申请撤销终局裁决的法定情形，同时规定了互联网企业对这六种法定可申请撤销终局裁决的情形承担举证责任。[②] 对互联网企业而言，如果向有管辖权的中

[①] 关于劳动仲裁的申请时效，《劳动法》和《劳动争议处理条例》作出了截然不同的规定。按《劳动法》第 82 条的规定，申请劳动仲裁的时效为 60 日，自劳动争议发生之日起开始计算；按《劳动争议处理条例》第 23 条的规定，申请劳动仲裁的时效为 6 个月，自当事人知道或者应当知道劳动争议发生之日起计算，同时还规定了时效延长的两种情形：不可抗力或其他正当理由。在实践中，一般执行《劳动法》规定的 60 日时效，同时采纳了《劳动争议处理条例》第 23 条所规定的时效延长的法定理由。

[②] 根据《劳动争议调解仲裁法》第 49 条的规定，用人单位有证据证明本法第 47 条规定的仲裁裁决有下列情形之一，可以自收到仲裁裁决书之日起 30 日内向劳动争议仲裁委员会所在地的中级人民法院申请撤销裁决：(1)适用法律、法规确有错误的；(2)劳动争议仲裁委员会无管辖权的；(3)违反法定程序的；(4)裁决所根据的证据是伪造的；(5)对方当事人隐瞒了足以影响公正裁决的证据的；(6)仲裁员在仲裁该案时有索贿受贿、徇私舞弊、枉法裁决行为的。人民法院经组成合议庭审查核实裁决有前款规定情形之一的，应当裁定撤销。仲裁裁决被人民法院裁定撤销的，当事人可以自收到裁定书之日起 15 日内就该劳动争议事项向人民法院提起诉讼。

级人民法院申请撤销终局裁决,需要耗费较多的成本去完成相关证据的收集和整理。而申请撤销终局裁决并不等于劳动争议或纠纷的解决,恰恰相反,终局裁决如果被依法撤销,则意味着下一段劳动争议救济的开始。对互联网企业来说,作为《劳动争议调解仲裁法》一大亮点的"一裁终局"在实践中其实很难"终局":一方面,可能互联网企业本身对该终局裁决不满意,而除非满足该法第 49 条规定的情形,互联网企业只能依裁决执行,无权再提起诉讼;另一方面,即使互联网企业对该裁决无异议,也不意味着该裁决将依法执行,因为按照该法第 48 条的规定,劳动者对终局裁决不服的,可在法定期限内向有管辖权的人民法院提起诉讼。① 从这个意义上讲,《劳动争议调解仲裁法》对互联网企业的激励是有限的。

关于对互联网企业的规制问题,本书认为,《劳动争议调解仲裁法》不足以对互联网企业实现有效的规制。虽然立法者的态度倾向于通过对用人单位的限制来保护劳动者的合法权益,试图矫正由劳动者在劳动关系中的从属性地位而可能产生的实质不公正。然而,即使对两类特殊案件规定了终局裁决,《劳动争议调解仲裁法》也并未从根本上改变我国"一裁两审"的劳动争议处理模式,劳动仲裁依然是诉讼前置程序,并不能给予当事人确定的法律后果指引,执行效率不高。因此,对互联网企业而言,《劳动争议调解仲裁法》不足以对其构成有效的规制。

二、《劳动争议调解仲裁法》对互联网经济中劳动者权益保护的效率分析

考察《劳动争议调解仲裁法》对互联网经济中劳动者权益进行保护的效率,还是要以其调整是否符合互联网经济中劳动者的核心利益为标准。《劳动争议调解仲裁法》更侧重于对劳动者的救济利益实施倾斜性保护。在互联网经济中,《劳动争议调解仲裁法》对互联网经济中劳动者救济利益的保护主要可以通过以下几个方面来实现。

首先,适用范围的广泛性拓宽了互联网经济中劳动者的救济路径。《劳动争议调解仲裁法》在《劳动争议处理条例》规定的可以申请劳动仲裁案件的适用范围的基础上,将与劳动关系的认定有关的争议(法律关系的确认之

---

① 根据《劳动争议调解仲裁法》第 48 条的规定,劳动者对本法第 47 条规定的仲裁裁决不服的,可以自收到仲裁裁决书之日起 15 日内向人民法院提起诉讼。

争）、与劳动者的工作时间和休息休假有关的争议、与劳动者的工伤医疗费用和赔偿金（或者经济补偿金）有关的争议也都纳入其调整的适用范围以内，这对互联网经济中的劳动者来说意义重大。新型劳动关系产生于互联网经济中，并随着互联网经济的发展而不断发展变化。无论是学理界还是实务中，均尚未在新型劳动关系的认定问题上达成共识，将因劳动关系的认定问题而导致的争议或纠纷纳入其适用范围，这意味着《劳动争议调解仲裁法》并未将新型劳动关系直接排除在其调整范围之外。相对开放的立法态度使得互联网经济中的劳动者多了一种寻求权利救济的路径选择。另外，由于《劳动法》《劳动合同法》尚未就新型劳动关系的调整问题作出明确的规定，在立法修订之前，《劳动争议调解仲裁法》与劳动者的工作时间和休息休假有关的争议、与劳动者的工伤医疗费用和赔偿金（或者经济补偿金）有关的争议也都纳入其调整的适用范围以内，使得互联网经济中的劳动者在相关权益有被损害之虞时，可以依法申请劳动仲裁。

其次，申请仲裁时效的延长增加了互联网经济中劳动者的救济机会。《劳动争议调解仲裁法》修正了《劳动法》和《劳动争议处理条例》在申请仲裁时效规定方面的矛盾和不足，规定当事人可以申请仲裁的时效为 1 年，同时规定了该时效的起算时间，即自当事人知道或者应当知道其自身合法权益受到不法侵害之时开始计算。与此同时，该法还规定了排除时效适用的情形：如果是当事人在劳动关系的存续期间发生了用人单位拖欠劳动者报酬的情况，劳动者针对该争议申请劳动仲裁时，不受申请仲裁时效的限制。此外，《劳动争议调解仲裁法》还弥补了《劳动法》和《劳动争议处理条例》在申请仲裁时效中止或终止方面的欠缺。《劳动争议调解仲裁法》与申请仲裁时效有关的规定有利于互联网经济中的劳动者依法维护其利益。互联网经济中的劳动者失去了传统劳动关系中劳动者与用人单位之间建立起来的面对面沟通优势，加之互联网经济的快节奏高效率运转要求以及"多对多"用工模式的干扰，互联网经济中的劳动者可能不能及时发现和处理相应的争议或者纠纷。申请仲裁时效的相关规定为互联网经济中劳动者维权之路争取了时间，降低了其维权的机会成本。

最后，部分案件的"一裁终局"降低了互联网经济中的劳动者的维权成本。虽然《劳动争议调解仲裁法》在"一裁终局"方面的相关规定被认为有待改进，其实施效果也存在执行力方面的质疑。然而，本书认为，对部分案件尤其是涉及劳动报酬的"部分"实行"一裁终局"，同时又为劳动者保留了继续诉讼的机会,对互联网经济中的劳动者来说就是好消息。尽管存在一些不确定的因素,互联网经济中的劳动者至少多了一种以较低的时间成本实现其利益诉求的可能性。而且,对劳动者来说,《劳动争议调解仲裁法》明文规定劳动仲裁免费是个好消息,这对经济能力有限的互联网经济中的劳动者来说,合法权益得以维护的可能性又增加了许多。但也应该看到,正是因为免费仲裁导致仲裁量过大,一定程度上影响了仲裁的质量,造成了仲裁资源的浪费。

从国家数据对 2001—2018 年仲裁调解劳动争议案件受理数(见图 5-1)和仲裁裁决劳动争议案件受理数(见图 5-2)的统计结果来看,2008 年之前、2009 年以后,我国的仲裁调解劳动争议案件受理数和仲裁裁决劳动争议案件受理数均呈现出缓慢增长的趋势,但从总量上看,2009 年之后的案件数量远远高于 2008 年之前的案件数量。而案件数量的迅猛增长正是在《劳动争议调解仲裁法》实施之后的 2009 年,仲裁调解劳动争议案件受理数从2008 年的 119436 件一跃攀升到 2009 年的 221284 件,仲裁调解劳动争议案件受理数增长了 46%;仲裁裁决劳动争议案件受理数从 2008 年的 149013件一跃攀升到 2009 年的 274543 件,仲裁调解劳动争议案件受理数增长了45.7%。从此,仲裁调解劳动争议案件受理数和仲裁裁决劳动争议案件受理数均居高不下,且总体上依然处于上升趋势。

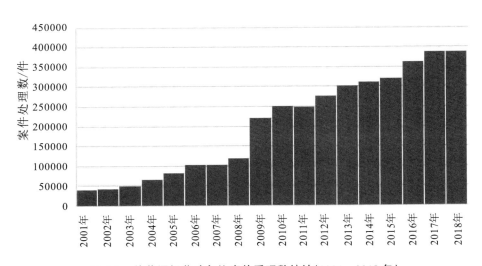

图 5-1　仲裁调解劳动争议案件受理数统计(2001—2018 年)

资料来源:国家数据(http://data.stats.gov.cn/)。

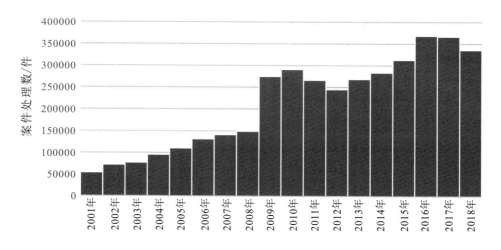

图 5-2 仲裁裁决劳动争议案件受理数统计(2001—2018 年)

资料来源:国家数据(http://data.stats.gov.cn/)。

由此可见,《劳动争议调解仲裁法》在维护互联网经济中劳动者的救济利益方面能够发挥积极作用。然而,由于我国劳动争议救济"一裁两审"的制度设计,仲裁前置的制度设计使得劳动仲裁的一部分实体意义被其程序意义所冲抵,增加了互联网经济中劳动者救济利益得以实现的不确定性。

第六章　有效认定与调整新型劳动关系的对策与建议

第一节　有效认定新型劳动关系的对策与建议

一、在理论上优化新型劳动关系的认定标准

传统劳动关系的从属性认定标准在劳动关系的认定方面有着广泛的解释力和深刻的影响力。与互联网经济中新型劳动关系认定标准相关的法律制度设计离不开相关理论的支撑。在学理界,判断劳动关系是否成立时存在唯从属性论的倾向,学者们反复强调传统劳动关系的组织从属性和人格从属性在劳动关系认定问题上的决定性意义。

然而,随着劳动者地位的提高和新型劳动关系主体核心利益的改变,新型劳动关系的从属性在互联网经济中有了新的表现形式和存在方式。相关领域的学术研究应当随着新形势下的新情况来进行相应的调整,而不是固守已有的成果和观念。本书认为,要实现对新型劳动关系的有效认定,首先就必须更新观念,将思想从传统从属性认定标准的桎梏中解放出来,通过对从属性要素和主体要素的综合考察,来优化新型劳动关系的认定标准。并在此基础上,以互联网经济发展的实际和新型劳动关系主体的核心利益需求为出发点,以构建互联网经济中的和谐劳动关系和促进互联网经济的发展为目的,实事求是地分析和运用新型劳动关系从属性认定标准来判断新型劳动关系是否成立。

二、在立法上明确新型劳动关系的认定标准

在我国现有的劳动法律规范中,劳动关系的从属性认定标准通过一系列强制性条款表现出来,比如《劳动法》《劳动合同法》中对书面劳动合同形式的强制性规定以及要求用人单位落实劳动者各项福利待遇的强制性规定,《劳动合同法》中关于无固定期限劳动合同的强制性规定,《劳动合同法》

《劳动争议调解仲裁法》中关于劳动报酬支付令的强制性规定等,都是基于劳动关系的从属性而进行的制度安排。这样的制度安排是以劳动关系的从属性为正当性理由的,为传统劳动关系中劳动者合法权益的实现提供了法律依据,在维护传统劳动关系的和谐稳定方面发挥了重要的作用。

劳动关系是一种具有复杂性和多元性的社会关系。然而,我国现有的劳动法律规范却用整齐划一的认定标准来判断特质各异的劳动关系是否成立,这样的制度设计体现了我国劳动法律规范技术的粗糙和不成熟。立法者对传统劳动关系从属性标准的僵化理解使得现有劳动法律制度在认定互联网经济中新型劳动关系时显得滞后且低效。因此,在立法上明确新型劳动关系的认定标准,就应当进行相对开放、灵活的制度设计,对不同类型的劳动关系执行不同的从属性认定标准,实现对不同地位劳动者的分层保护。

三、在实践中执行新型劳动关系的认定标准

在劳动仲裁和法院裁判时,仲裁委员会和法官往往趋向于僵化地援引相关法律规范中与劳动关系从属性认定标准相关的强制性条款来判断劳动关系是否成立。在实践中,仲裁委员会和法官判断劳动关系是否成立时,往往通过审查发生争议的双方当事人是否订立了书面劳动合同、企业是否为员工购买相关保险等证据材料来判断劳动关系是否成立。本书认为,这样的判断在一定程度上已经偏离了从属性认定标准。立法者基于劳动者的从属性地位,为了避免其合法权益受到处于优势地位的用人单位的不法侵害,规定了建立劳动关系的形式要件,要求双方订立书面劳动合同;也是基于同样的立法意图,法律以强制干预的方式要求用人单位为劳动者购买各类保险。这都是劳动关系从属性在立法和实践中的具体体现,不能反过来成为否定劳动关系存在的依据。

为了在实务中有效认定互联网经济中的新型劳动关系,仲裁委员会和法官需要根据互联网经济中变化发展了的实际,进一步解放思想,增强担当意识,对互联网经济中的新型劳动关系进行认定时,回归到从属性认定标准上来。在相关劳动法律规范尚未针对新型劳动关系的认定问题完成修订之前,仲裁委员会和法官应当根据构建互联网经济中和谐劳动关系、维护劳动者和互联网企业的核心利益、促进互联网经济发展的原则和宗旨,参考学理界在新型劳动关系从属性认定标准方面的理论成果,来考察从属性是否成立,进而作出新型劳动关系是否成立的判断。

第二节　有效调整新型劳动关系的对策与建议

一、在政策层面明确新型劳动关系主体的核心利益

党和国家的方针政策包含了对过去经济社会发展经验的总结、对当前经济发展形势的判断和对一定时期内经济发展走向的预测，对我国经济社会的发展起着提纲挈领的指导作用。在党和国家的政策方针中明确新型劳动关系主体的核心利益，在新型劳动关系的认定与调整问题中意义深远。

互联网经济中新型劳动关系的认定与调整问题，重点和难点都聚焦于互联网企业与互联网经济中的劳动者之间的核心利益平衡问题。在传统劳动关系中，受经济发展水平和劳动关系双方主体之间力量对比悬殊情况的影响，学理界和实务中对劳动关系的从属性都保持着根深蒂固的警惕，为了实现法律对实质不公平的矫正，不惜对用人单位苛以更多的成本，从而导致对劳动者的"倾斜性保护"出现形式化和机械化的弊端。这种流于僵化的倾斜性保护模式已经不能适应互联网经济发展的需要。作为互联网经济中新型劳动关系的主体，互联网企业与互联网经济中的劳动者之间的关系呈现出两个层面的含义：一方面，由于互联网经济具有开放性、共享性，二者之间有着更广泛的共同利益，互联网企业依靠劳动者的劳动来获取收益，劳动者依托互联网企业提供的平台来获得收入，互为载体，互相成就；另一方面，二者之间也存在着诸多矛盾和利益争夺，互联网企业希望以最小的成本获得最大的收益，压缩劳动力使用成本是其逐利性驱使下的必然选择，劳动者则希望其劳动可以换取更多的劳动报酬，但其相对于互联网企业的弱势地位决定了其利益诉求存在不能完整实现的风险。

针对新形势下的新情况，传统劳动法律规范和理论研究均表现出较为保守和僵化的态度，在法律实务中表现得更为直接和明显。为了打消学理界和实务中对传统劳动关系从属性标准的严守顾虑，有必要在党和国家的政策方针中明确新型劳动关系主体的核心利益。

关于对互联网经济中的劳动者进行必要倾斜性保护的问题，习近平总书记在党的二十大报告中指出，我们要实现好、维护好、发展好最广大人民根本利益，紧紧抓住人民最关心最直接最现实的利益问题，坚持尽力而为、

量力而行,深入群众、深入基层,采取更多惠民生、暖民心举措,着力解决好人民群众急难愁盼问题,健全基本公共服务体系,提高公共服务水平,增强均衡性和可及性,扎实推进共同富裕。具体到劳动关系的层面,应当围绕切实提高互联网经济中劳动者的就业质量和收入水平这两个重点,切实将"实施就业优先战略,强化就业优先政策"落实到相关制度安排中去。关于政府在提高就业质量和人民收入水平方面的角色和职能,报告中明确表示要"加强困难群体就业兜底帮扶,消除影响平等就业的不合理限制和就业歧视,使人人都有通过勤奋劳动实现自身发展的机会。健全社会保障体系,健全覆盖全民、统筹城乡、公平统一、安全规范、可持续的多层次社会保障体系,扩大社会保险覆盖面"。这就要求政府进行有效的、必要的干预来构建新时代和谐劳动关系。这体现了党和国家在新时代对劳动关系问题的阐释和态度,是对互联网经济中的劳动者进行必要的倾斜性保护的纲领性要求,应当强化、落实到党和国家的具体方针政策中,作为对互联网经济中的劳动者实行必要倾斜性保护的依据和指导。

关于促进互联网企业发展,增加互联网企业活力,降低互联网企业生产成本的问题,也能从党的二十大报告中找到依据。习近平总书记在二十大报告中指出,要"加快发展方式绿色转型,实施全面节约战略,发展绿色低碳产业,倡导绿色消费,推动形成绿色低碳的生产方式和生活方式";要"完善科技创新体系,坚持创新在我国现代化建设全局中的核心地位,健全新型举国体制,强化国家战略科技力量,提升国家创新体系整体效能,形成具有全球竞争力的开放创新生态";要"坚持以推动高质量发展为主题,把实施扩大内需战略同深化供给侧结构性改革有机结合起来,增强国内大循环内生动力和可靠性,提升国际循环质量和水平,加快建设现代化经济体系,着力提高全要素生产率"。

互联网企业与国家供给侧结构性改革和完善社会主义市场经济体制的大政方针有着天然的契合度,应当在我国现阶段经济社会发展的进程中作出贡献。然而,传统劳动法律规范对用人单位苛以的义务极大地增加了互联网企业的成本。又由于缺乏有效的监督机制和救济渠道,在实践中,互联网企业往往对现有的劳动法律规范绕道而行,利用其在劳动关系中的优势地位规避适用劳动法,损害劳动者的合法权益,从长远来看,也为其自身发展引发诸多风险。为了释放互联网企业的活力,矫正其追逐短期收益的短视行为,党和国家应当在方针政策中明确和强化对互联网企业激励与约束并重的态度,特别是表明对互联网企业效率价值的肯定和支持,消除实务中和学理界面对新型劳动关系时在利益平衡保护问题方面的疑虑。

二、在立法层面确认新型劳动关系主体的核心利益

(一)低位阶的法律规范和规范性文件的应急调整

为了确保法律制度的权威性和稳定性,法律的制定和修改都必须由有权机关依照法定程序来完成,需要经历较长的周期。而在此过程中,新型劳动关系迫切需要得到立法层面的干预和调整,其暴露出的矛盾、争议和风险不会因为立法的缺位而掩盖。法律的稳定性和滞后性与现实调整的必要性和紧迫性之间的矛盾需要有一个发挥缓冲功能和应急功能的载体采化解,这个载体就是低位阶的法律规范和规范性文件。一般来说,低位阶的法律规范和规范性文件能够比较及时地解释和调整经济社会发展过程中出现的各种问题。具体到互联网经济中新型劳动关系主体的核心利益平衡问题,互联网经济的快速发展使得其中的新型劳动关系在从属性和核心利益诉求方面均发生了迥然不同于传统劳动关系的新变化,呈现出一系列新特征,暴露出诸多新风险,亟须法律的规范和调整。

针对新型劳动关系暴露的新问题,低位阶的法律规范和规范性文件要在贯彻党和国家相关方针政策的前提下,以国家供给侧结构性改革的需要为基础,立足于互联网经济发展的实际,及时总结、科学判断,对已经出现的问题和可能出现的问题,沿着"发现问题—分析问题—解决问题—总结问题"的路径,对新型劳动关系双方主体之间的行为进行及时有效的规范和调整。虽然按照《最高人民法院关于裁判文书引用法律、法规等规范性法律文件的规定》的相关规定,低位阶的法律(如部门规章)以及低位阶的法律规范和规范性文件(如行政部门出台的各种《办法》)也许不能作为法院判决的法律依据,但是其可以在法院的裁判说理中发挥其应有的功能,对新型劳动关系产生的矛盾和争端的解决起到法律指引的作用,避免现阶段法院裁判和劳动争议仲裁中出现的,涉及新型劳动关系即可能无法可依、无章可循的窘境。不仅如此,虽然低位阶的法律和规范性文件存在法律效力等级上的瑕疵,但它们将成为国家劳动法律规范的法律渊源,为劳动法的修订和完善做了必要的立法准备。

(二)劳动法的修订和完善

新型劳动关系的认定与调整问题,核心在于互联网企业的自生能力问

题和互联网经济中劳动者的发展与保护问题。相关制度构建都应当围绕这两个方面进行。互联网企业的自生能力关系着互联网经济的持续增长和互联网经济中劳动者就业利益和待遇利益的实现程度和改善空间。鉴于《劳动法》《劳动合同法》《劳动争议调解仲裁法》激励与规制用人单位行为时的低效,本书认为进行提高互联网企业的自生能力的法律制度构建时,首先应当立足于互联网经济发展的实际,充分释放互联网企业的市场活力,降低其生产成本(劳动力成本也是生产成本的重要组成部分),为互联网企业的发展创作宽松的法治软环境。同时又要对其进行必要的规制,防止互联网企业为了获取短期收益而作出不利于其持续发展的非理性选择,或者利用其优势地位侵犯互联网经济中劳动者的利益边界,损害劳动者的合法权益,最终制约互联网企业的持续发展。如此激励与规制并举,相关劳动法律制度的实施方能促进互联网企业降低生产成本、提高生产效率,在发展过程中保持抵御风险的能力,并且使互联网经济中的劳动者在互联网企业的发展中持续受益。

一方面,劳动法律制度实现对互联网企业的有效激励,就是要通过劳动法律的实施来降低互联网企业获得其与自生能力相关的核心利益的交易成本。影响互联网企业自生能力的三个关键因素包括:更加自由的发展空间、更加灵活的用工模式和管理方式、更有效率的资源配置方式。因此,与此相关的劳动法律制度构建都应当围绕如何降低这三个要素的获得成本进行。另一方面,通过劳动法律制度对互联网企业的行为进行规制,目的在于通过制度约束来增加互联网企业的违法成本,帮助其作出克服有限理性的选择,防止其因为短期逐利诱惑而置长期风险和互联网经济中劳动者的合法权益于不顾,最终损害其核心利益。

按照马克思关于资本主义劳动关系的相关理论,资本主义社会劳资关系的对立问题只有在社会主义社会才能找到解决的路径。按照马克思历史唯物主义的观点,这是因为社会主义社会的生产力发展水平高于资本主义社会生产力的发展水平。故而,研究互联网经济中新型劳动关系认定与调整问题,首先必须明确一个基本前提:我国正处于并将长期处于社会主义初级阶段,现阶段的生产力发展水平决定了劳动者尚不能实现自由劳动,劳动关系将长期存在。但是我国的劳动关系与资本主义劳资关系存在本质的不同,用人单位与劳动者之间不是剥削与被剥削的关系,而应当是合作创造、共享社会发展成果的关系。新型劳动关系中的劳动者较之于传统劳动关系中的劳动者,在就业资源、择业机会、就业形式、理性程度、薪酬获得以及实现再就业等方面都更具优势。因此,在立法宗旨上,劳动法律制度要突破《劳动法》《劳动合同法》等相对狭义的倾斜性保护,充分考虑互联网经济中劳动者的发展需求和保护需求,提高相关法律规范的调整效率。

三、在执法层面落实新型劳动关系主体的核心利益

立法表征着法律实施的应然状态,立法宗旨和立法原则能否在法律实施的过程中得以贯彻和落实,依赖于执行层面的效率。法的执行决定着法的实然状态,关系着法律的供给效率。要在执行层面落实新型劳动关系主体的核心利益,需要综合考察互联网企业和互联网经济中的劳动者之间既存在广泛的利益一致性又存在诸多利益争夺点的复杂情境,清醒认识到互联网经济中的劳动者与传统劳动者相比地位有了很大的提高但相对于互联网企业而言依然处于相对弱势地位的客观实际。

(一)互联网企业的激励与规制

要在执行层面去把握对互联网企业进行激励与规制的度,需要法律的执行者具备与时俱进的学习能力和担当能力。即使是在调整传统劳动关系的过程中,劳动法律规范中对用人单位劫富济贫式的规制和执行层面对用人单位利益的打压式调整也饱受诟病和争议,从法的实施效果来看,其对劳动者进行倾斜性保护的实现程度也是有限的。

在互联网经济中,法律的执行者应当将互联网企业与互联网经济中的劳动者同置于互联网经济发展贡献者的角色中来,而不是将二者对立起来对待。在互联网经济发展的不同阶段,互联网企业的核心利益需求会有不同的偏好。法律的执行者需要了解互联网企业的发展阶段,有的放矢地给予激励和规制。对互联网企业进行激励的核心在于帮助其降低生产成本。因此,法律的执行者不能固守于现有劳动法律规范中对用人单位苛以义务的强制性条款,而是应当根据新型劳动关系中变化了的实际,作出符合互联网企业发展利益的裁决。这并不意味着新一轮的矫枉过正,对互联网企业的必要规制对保护互联网企业的长远利益而言意义深远。为了防止互联网企业追逐短期利益的短视行为,执行者要在互联网经济的背景下综合评估新型劳动关系从属性的指标,将符合该从属性认定标准的社会关系归于新型劳动关系调整框架范围内。如此,互联网企业将出于成本收益的分析,作出不规避劳动法适用的理性选择。

(二)劳动者的保护与自治

互联网经济中的劳动者与传统劳动者相比地位有了很大的提高但相对于互联网企业而言依然处于相对弱势地位,这是互联网经济中的劳动者面临的客观实际。法律的执行者应当秉承实事求是的精神,从互联网经济中的劳动者这种变化了的实际出发,给予其不同于传统劳动者的必要倾斜性保护。该必要倾斜性保护的起点和关键在于对新型劳动关系的确认。这里有一个需要梳理的逻辑问题:在传统劳动关系中,法律是基于劳动者在劳动关系中的从属性地位而对其予以倾斜性保护,保护的方式通过对用人单位苛以义务来实现,具体体现为维护劳动者的就业稳定性(无固定期限的劳动合同)、报酬确定性(最低工资标准、劳动报酬支付令)和福利保障性(各种保险和保障措施)等。在新型劳动关系中,法律对劳动者予以必要倾斜性保护的具体体现应当根据其变化了的新实际而作出相应的调整。因此在法律的执行层面,不能以倾斜性保护的具体表现形态判断劳动关系是否成立,而应当综合考察其是否符合新形势下从属性的测评指标。

在互联网经济中,互联网经济中劳动者的自治能力和自治要求应当受到法律执行者的正视和尊重,分层次保护乃为现实需要。由于互联网平台为互联网经济中的劳动者提供了空前丰富的就业资源和择业机会,劳动者可以更为及时、灵活地获得劳动报酬,可以更为自主、机动地调整工作方式,可以更为便利、畅通地实现同行业信息共享,具备劳动者自治的客观条件。因此,法律的执行者应当因势利导,改变调整传统劳动关系时过于周延的保护理念,实现劳动者在必要保护框架内的自治。

第三节　有效防范新型劳动关系风险的对策与建议

一、发挥政府的干预功能

现阶段,一方面,互联网经济中的劳动者主观上在风险防范方面缺乏自觉意识,客观上也存在风险承担能力的不足,仅仅依靠互联网经济中劳动者的自主行为和自身力量不能有效防范风险;另一方面,在市场经济中,互联网企业是追求利润最大化的市场主体,如果没有强制干预,很难主动去承担相关风险造成的损失和责任,希望其主动保障互联网经济中劳动者、消费者的合法权益缺乏现实可能性。为了解决以上问题,在劳动法律规范尚未修订和调整之前,政府实施主动干预就显得紧迫且必要。

第一,以国家干预的方式强制互联网企业追逐利润的同时保持克制,确保劳动者合法权益的落实和可能风险的分解与防控,同时也要对其进行必要的激励。互联网经济是共享经济,"共享"包含着共同维护、共担风险、共享成果。西方新马克思学派提出的"要对经济目标、资源配置、社会成果分配等宏观层次的问题在劳动关系三方之间实行国家级谈判"[①]的劳动关系理论对新型劳动关系的风险防范有一定的启示意义。具体到我国当下互联网经济的发展情况和合理预期,可以从四个方面予以干预:一是要求互联网企业缴纳一定数额的保证金,作为定分止争的物质保障;二是明确规定互联网企业和互联网经济中的劳动者在必要商业保险费用方面的承担比例;三是参考同一行政区域内的同期人均工资水平,规定互联网经济中的劳动者在收益分配方面的最低比例;四是给互联网企业以适当的财政补贴和政策倾斜。[②]

第二,政府牵头,成立专门面向互联网经济中劳动者的服务机构。在这个问题上,当代西方研究劳动关系理论的新制度学派(也称正统多元学派)的观点值得借鉴和参考。新制度学派主张"由雇员、雇主、省级或国家级政府三方组成的经济管理体系中,三方都有权对劳动关系有关的公共问题施加影响,平等地制定决策"[③]。互联网企业与互联网经济中的劳动者之间的力量对比悬殊,客观上很难达成平等、深入、充分的谈判,政府力量的介入则可以有效弥补这种失衡,也是我国建设服务型政府治国理念的题中之义。

受到自身经济能力的限制,互联网经济中的劳动者在高额诉讼成本和胜诉概率的不确定预期面前容易产生抗拒和畏缩情绪。在实践中,互联网经济中的劳动者因为与互联网企业或消费者之间发生纠纷或争议而遭受损失时,常常选择息事宁人、自认倒霉。因为这对他们而言,可能算是及时止损,否则可能会因此而产生更多的维权成本。如果互联网经济中的劳动者给对方造成的损失或对方的赔偿请求额度超出了其承受能力,选择消极逃

---

①　郭庆松:《当代劳动关系理论及其最新发展》,载《上海行政学院学报》2002 年第 2 期。

②　[美]理查德·A. 波斯纳:《法律的经济分析》(上),蒋兆康译,林毅夫校,中国大百科全书出版社 1997 年版,第 355～368 页。

③　程延园:《当代西方劳动关系研究学派及其观点评述》,载《教学与研究》2003 年第 3 期。

避甚至一走了之就不难理解了。这显然不符合法治经济和和谐社会的精神,不利于新型劳动关系的认定与调整,不利于互联网经济的发展。面对这种情况,政府的公信力和对现实问题的快速反应能力就是互联网经济中的劳动者的定心丸和强心剂。

第三,发挥政府监管功能,帮助互联网企业保持持续增长能力。法律修订的周期长、成本高,在解决新形势下的新问题时,难免有远水解不了近渴的遗憾。为了有效解决互联网经济中新型劳动关系的风险防范问题,政府需积极主动地进行干预。由于互联网经济中的劳动者与互联网企业之间地位的不平等,以及互联网企业在追求垄断利润方面的不懈努力,政府应当及时出台相应的政策措施,应对劳动力市场失灵的风险。具言之,政府应主动干预,在对劳动者进行必要倾斜性保护的前提下,既对互联网企业进行持续激励,又依法对其市场行为进行必要的干预和监管。又由于目前我国《劳动法》《劳动合同法》及其司法解释尚未对新型劳动关系作出明确的界定和规范,劳动法律制度存在滞后或缺位的问题。政府有必要在不违反上位法规定的前提下,针对新型劳动关系出现的新问题和新风险,根据新型劳动关系的新特征,出台相应的政策和办法,重新构建互联网企业与互联网经济中的劳动者之间的权利义务边界和责任承担方式,为劳动法律制度的修订和完善做准备。

二、鼓励互联网经济中劳动者的行业自治

鼓励互联网经济中的劳动者成立新型行业互助组织,引导其理性表达诉求、意见和建议。互联网经济发展过程中产生的新问题应当在发展中得到解决,一个可行的方案是借助新的技术手段来促成互联网经济中劳动者之间的行业互助。微信群、QQ 群等是具有广泛接受和使用基础的社交工具,成立新型行业互助组织时可以充分发挥其集思广益、信息共享程度高的优势,弥补因互联网经济中的劳动者分散而导致的不足。需要注意的是,鼓励互联网经济中的劳动者互帮互助、共享资源的同时,也应当积极引导他们理性地表达诉求、意见和建议,依法对煽动群众、造谣、传谣等非法行为予以禁止或惩罚。

三、注重新闻媒体的舆论导向

有效防范互联网经济中新型劳动关系产生的各种风险,不仅是法律问

题,也是社会问题,还是发展问题。互联网经济本来就具有开放性和信息化的特点。对于互联网经济中新型劳动关系的风险防范问题,要充分利用互联网平台天然的信息获得优势和信息传播优势,主动争取法律制度宣传的主动权,运用互联网平台丰富的信息传播媒介,充分利用自媒体时代多渠道、交叉式、便捷化的信息传播优势,对广大劳动者开展多维度的风险防范普法宣传和教育。可以利用多种平台和载体,增强互联网经济中新型劳动关系主体的风险防控意识,帮助其提高抵御风险和救济风险的能力。

按照马克思历史唯物主义的观点,任何事物都是历史与现实相结合而产生的,社会中的各要素都不是孤立存在的,而是互相作用、互相影响的。因此,在舆论导向的内容方面,要始终站在互联网经济中的劳动者、互联网企业、互联网经济中和谐的新型劳动关系以及互联网经济发展之间为在联系、互相依存的高度来帮助各方主体增强风险防范意识,提高风险评估和风险应对能力,维护新型劳动关系的和谐与稳定。

结　　论

　　互联网经济中新型劳动关系的认定与调整问题,既关系着社会的和谐与稳定,又关系着互联网经济的持续发展。当下,我国劳动法律制度在认定与调整新型劳动关系方面所暴露出的低效率,表明相关劳动法律制度已经对互联网经济的发展造成了一定程度的妨碍,应当对其进行相应的修订和改进,使之能够契合互联网企业与劳动者的核心利益需求,构建互联网经济中的和谐劳动关系,促进互联网经济的发展。国家在进行与新型劳动关系的认定与调整相关的制度设计时,应当树立一以贯之的、具有一定超越性的原则或宗旨,即劳动法律制度安排既要直面互联网企业与互联网经济中劳动者之间力量对比的实际情况,给予互联网经济中的劳动者以必要的倾斜性保护,又要充分考虑到互联网企业与互联网经济中的劳动者之间广泛的利益一致性,注重对互联网企业的激励,从而达到构建互联网经济中和谐的新型劳动关系,促进互联网经济持续增长的目的。

　　本书对新型劳动关系的特质及风险进行分析。认为互联网经济的发展引起了劳动关系的变异。对互联网经济的兴起与发展历程进行梳理以后,得出这种新型劳动关系必然形成的结论。归纳总结以后,认为新型劳动关系的新特质主要体现在劳动关系多元化、劳动关系更具灵活性、劳动关系从属性趋于弱化、劳动者的薪酬支付模式发生改变等方面。在此基础上,本书分析了新型劳动关系的风险类型以及我国有关新型劳动关系风险分配的司法裁判,认为我国现有法律制度在调整新型劳动关系问题上存在诸多不足与缺位,主要是因为传统劳动关系的从属性认定标准已经不能有效认定互联网经济中的新型劳动关系。

　　为了解决新型劳动关系的认定问题,本书分析了我国现有劳动法律规范中有关劳动关系认定的强制性条款,以及这些强制性条款的立法目的和其对传统劳动关系从属性认定标准的影响之后,依据运用 VAR 模型完成的实证检验,确立了优化新型劳动关系从属性认定标准的价值指引,并分析了现行法中的从属性认定标准在新型劳动关系认定上的局限性和低效性。以此为基础,通过分析新型劳动关系中主体核心利益的新变化,优化了互联网经济中新型劳动关系从属性认定标准的测评体系。

　　通过分析我国三部主要劳动法律调整这种新型劳动关系的效率，指出这三部主要劳动法律不能有效调整新型劳动关系的原因，即相应的制度设计不能契合新型劳动关系主体的核心利益，因此不利于我国互联网经济中和谐劳动关系的构建和互联网经济的发展。并据此给出有效认定与调整新型劳动关系的对策与建议。

　　"让广大人民群众共享改革发展成果，是社会主义的本质要求，是社会主义制度优越性的集中体现，是我们党坚持全心全意为人民服务根本宗旨的重要体现。"①互联网经济中新型劳动关系的认定与调整问题，正是题中之义。

---

①　《习近平谈治国理政》(第 2 卷)，外文出版社 2018 年版，第 200 页。

参考文献

一、中文参考文献

［1］［美］埃里克·弗鲁博顿、［德］鲁道夫·芮切特:《新制度经济学——一个交易费用分析范式》,上海人民出版社 2007 年版。

［2］敖双红:《平等保护还是隐性歧视——以劳动法为例》,载《法学评论》2008 年第 3 期。

［3］艾琳:《比例原则视角下的集体劳动关系治理》,载《贵州社会科学》2016 年第 7 期。

［4］［美］波斯纳:《法律的经济分析》,中国大百科全书出版社 1997 年版。

［5］［美］保罗·克鲁格曼:《美国怎么了?——一个自由主义者的良知》,刘波译,中信出版社 2008 年版。

［6］班小辉:《论"分享经济"下我国劳动法保护对象的扩张——以互联网专车为视角》,载《四川大学学报(哲学社会科学版)》2017 年第 2 期。

［7］曹佳:《经济新业态下劳动用工和社会保障制度相关问题研究》,载《中国劳动》2018 年第 6 期。

［8］蔡红:《私法自治与国家干预:和谐社会建设与我国劳动法的完善》,载《湖北社会科学》2006 年第 8 期。

［9］蔡宁、贺锦江、王节祥:《"互联网＋"背景下的制度压力与企业创业战略选择——基于滴滴出行平台的案例研究》,载《中国工业经济》2017 年第 3 期。

［10］蔡跃洲:《"互联网＋"行动的创新创业机遇与挑战——技术革命及技术-经济范式视角的分析》,载《求是学刊》2016 年第 3 期。

［11］曹燕:《从"自由"到"自由"——劳动法的理念缘起与制度变迁》,载《河北法学》2007 年第 10 期。

［12］曹燕:《我国劳动争议处理制度的困境与突破》,载《河北法学》2012 年第 5 期。

［13］曹燕:《劳动法中工资概念的反思与重构》,载《法学家》2011 年第 4 期。

［14］常凯:《论劳动合同法的立法依据和法律定位》,载《法学论坛》2008 年第 3 期。

［15］常凯:《劳动法调整对象再认识与劳动法学科重构》,载《法学论坛》2012 年第 3 期。

［16］常凯:《中国特色劳动关系的阶段、特点和趋势——基于国际比较劳动关系研究的视野》,载《武汉大学学报(哲学社会科学版)》2017 年第 5 期。

［17］陈禹:《互联网时代需要什么样的经济学》,载《财经问题研究》2018 年第 5 期。

［18］陈晨:《经济发展新常态下构建和谐劳动关系研究》,载《郑州大学学报(哲学社会科学版)》2015 年第 6 期。

［19］陈立敏、刘静雅、张世蕾：《模仿同构对企业国际化绩效关系的影响——基于制度理论正当性视角的实证研究》，载《中国工业经济》2016年第9期。

［20］陈丽君：《浅析我国现行劳动争议仲裁制度的存废》，载《东南大学学报（哲学社会科学版）》2010年第12期。

［21］陈俊洁：《我国劳动执法体制功能的失位与重塑》，载《政法论丛》2015年第3期。

［22］陈微波：《共享经济背景下劳动关系模式的发展演变——基于人力资本特征变化的视角》，载《现代经济探讨》2016年第9期。

［23］陈邓海、李冰之：《经济社会发展新常态下工会的新挑战——2015年中国工会·劳动关系论坛纪要》，载《中国劳动关系学院学报》2016年第1期。

［24］程立：《网络经济与制度创新》，载《社会科学战线》2001年第6期。

［25］程琥：《我国网约车监管中的法律价值冲突及其整合》，载《环球法律评论》2018年第2期。

［26］Daniel Foote：《美国劳动法的放松规制》，载《国家行政学院学报》2001年第5期。

［27］德鲁克：《公司的概念》，慕凤丽译，机械工业出版社2006年版。

［28］［美］道格拉斯·G. 贝尔德：《法经济学的展望与未来》，吴晓露译，史晋川校，载《经济社会体制比较》2003年第4期。

［29］［美］道格拉斯·诺斯：《新制度经济学及其发展》，路平、何玮编译，载《经济社会体制比较》2002年第5期。

［30］丁建安：《论"根据二分说"的优越性——再议企业劳动规章的法律性质及其制定变更程序》，载《法制与社会发展》2013年第3期。

［31］董保华：《社会法原论》，中国政法大学出版社2001年版。

［32］董保华：《中国劳动基准法的目标选择》，载《法学》2007年第1期。

［33］董保华：《劳动法的国家观——劳动合同立法争鸣的深层思考》，载《当代法学》2006年第6期。

［34］董保华：《我国劳动关系解雇制度的自治与管制之辨》，载《政治与法律》2017年第4期。

［35］董保华：《论我国劳动争议处理立法的基本定位》，载《法律科学（西北政法大学学报）》2008年第2期。

［36］董文军：《我国〈劳动合同法〉中的倾斜保护与利益平衡》，载《当代法学》2008年第5期。

［37］董文军：《劳动合同法中的意思自治与国家强制——源自劳动合同书面形式强化的思考》，载《社会科学战线》2016年第9期。

［38］杜波：《略论劳动法中经济补偿》，载《当代法学》2005年第3期。

［39］冯玉军：《法经济学范式的知识基础研究》，载《中国人民大学学报》2005年第4期。

［40］冯玉军：《法经济学范式研究及其理论阐释》，载《法制与社会发展》2004年第1期。

［41］冯彦君、张颖慧：《"劳动关系"认定标准的反思与重构》，载《当代法学（双月刊）》

2011 年第 6 期。

［42］冯彦君：《论劳动法的基本原则》，载《法制与社会发展》2000 年第 1 期。

［43］冯彦君、李娜：《退休再就业：劳动关系抑或劳务关系——简评社会保险标准说》，载《社会科学战线》2012 年第 7 期。

［44］冯彦君：《中国特色社会主义社会法学理论研究》，载《当代法学》2013 年第 3 期。

［45］冯彦君：《民法与劳动法：制度的发展与变迁》，载《社会科学战线》2001 年第 3 期。

［46］樊雪梅：《供给侧深度改革与经济结构重塑》，载《河南社会科学》2017 年第 9 期。

［47］关怀：《劳动法》，中国人民大学出版社 2001 年版。

［48］龚刚：《论新常态下的供给侧改革》，载《南开学报（哲学社会科学版）》2016 年第 2 期。

［49］高萍：《新制度经济学的国家理论及其启示》，载《中南财经大学学报》2000 年第 6 期。

［50］盖建华：《共享经济下"类劳动者"法律主体的制度设计》，载《改革》2018 年第 4 期。

［51］郝身永、朱礼华：《"互联网＋"的模式优势、现存问题与治理建议——一个基于 4C 理论框架的分析》，载《现代经济探讨》2016 年第 9 期。

［52］郝身永：《"互联网＋"商业模式的多重竞争优势研究》，载《经济问题探索》2015 年第 9 期。

［53］韩文：《互联网平台企业与劳动者之间的良性互动——基于美国优步案的新思考》，载《中国人力资源开发》2016 年第 11 期。

［54］韩喜平、周颖：《新常态下国有企业和谐劳动关系的构建》，载《理论探索》2016 年第 1 期。

［55］韩桂君：《从劳资正义角度思考和谐劳动关系之构建》，载《云南社会科学》2016 年第 6 期。

［56］韩民春：《关于互联网若干问题的微观经济分析》，载《经济问题》2001 年第 1 期。

［57］韩海燕、姚金伟：《"互联网＋"新经济对收入分配格局的影响研究》，载《中国特色社会主义研究》2017 年第 5 期。

［58］何一鸣：《新〈劳动法〉之制度分析》，载《学习与实践》2009 年第 3 期。

［59］何云峰：《人类解放暨人与劳动关系发展的四个阶段》，载《江淮论坛》2017 年第 1 期。

［60］何勤、邹雄、李晓宇：《共享经济平台型灵活就业人员的人力资源服务创新研究——基于某劳务平台型网站的调查分析》，载《中国人力资源开发》2017 年第 12 期。

［61］何勤、孟泉、李倩：《经济新常态下企业劳动关系风险预测研究——基于 245 家企业调查数据》，载《中国人力资源开发》2015 年第 11 期。

［62］何平、粟瑜：《论劳动法的经济功能——回顾与前瞻》，载《法商研究》2009 年第 3 期。

［63］胡鞍钢、周邵杰、任皓：《供给侧结构性改革——适应和引领中国经济新常态》，载

《社会科学文摘》2016 年第 8 期。

[64]胡立峰:《美国劳动法对雇主不当解雇行为的规制:源流、发展与反思》,载《环球法律评论》2009 年第 1 期。

[65]华泠:《德国劳动者权益保护的基本措施及其借鉴》,载《经济评论》1998 年第 4 期。

[66]黄少安:《制度经济学实质上都是关于产权的经济学》,载《经济纵横》2010 年第 9 期。

[67]黄少安:《罗纳德·科斯与新古典制度经济学》,载《经济学动态》2013 年第 11 期。

[68]黄少安:《经济学为什么和怎样研究制度——关于制度经济学研究对象、目的和一般理论框架的梳理》,载《经济学前言》2009 年第 5 期。

[69]黄少安、张卫国:《新、老制度经济学理论体系的比较——从"本能、习惯"到"交易成本"》,载《江海学刊》2006 年第 6 期。

[70]黄少安、王宇:《网络如何影响经济效率》,载《山东社会科学》2002 年第 2 期。

[71]洪银兴:《"互联网＋"挑战传统的经济学理论》,载《经济纵横》2016 年第 1 期。

[72]纪雯雯、赖德胜:《网络平台就业对劳动关系的影响机制与实践分析》,载《中国劳动关系学院学报》2016 年第 4 期。

[73]贾媛媛:《公法视野下劳动关系的转型再思考》,载《政治与法律》2016 年第 12 期。

[74]姜颖、李文沛:《试论比例原则在劳动合同解除中的应用》,载《河北法学》2012 年第 8 期。

[75]金彭年、吴德昌:《以强制性和禁止性规范为视角透视法律规避制度》,载《法学家》2006 年第 3 期。

[76]靳凤林:《劳资冲突的集体协商制度:伦理原则及其反思》,载《马克思主义与现实》2015 年第 5 期。

[77]景春兰、徐志强:《论劳动力权的法权意义及理论启迪》,载《河北法学》2013 年第 6 期。

[78]库恩:《必要的张力——科学的传统和变革论文选》,福建人民出版社 1981 年版。

[79]柯龙山:《最低工资标准与劳动者待遇:统一抑或排斥》,载《财经科学》2010 年第 8 期。

[80][美]罗伯特·考特、托马斯·尤伦:《法和经济学》,史晋川、董雪兵译,格致出版社、上海人民出版社 2012 年版。

[81][美]罗宾·保罗·麦乐怡:《法与经济学》,浙江人民出版社 1999 年版。

[82][美]罗格·I.鲁茨:《法律的"乌龙":公共政策的意外后果》,刘呈芸译,载《经济社会体制比较》2005 年第 2 期。

[83]吕琳:《供给侧结构性改革下劳动法的回应与完善》,载《云南社会科学》2017 年第 1 期。

[84]吕景春:《和谐劳动关系的"合作因素"及其实现机制——基于"合作主义"的视角》,载《南京社会科学》2007 年第 9 期。

[85]赖德胜、李长安:《经济新常态背景下的和谐劳动关系构建》,载《中国特色社会主义研究》2016年第1期。

[86]卢现祥:《西方新制度经济学》,中国发展出版社2003年版。

[87]卢现祥:《共享经济交易成本最小化、制度变革与制度供给》,载《社会科学战线》2016年第9期。

[88]李雄:《劳动权保障与制度重构》,载《现代法学》2006年第5期。

[89]李雄、田力:《我国劳动关系认定的四个基本问题》,载《河南财经政法大学学报》2015年第3期。

[90]李干:《弹性与安全:审视〈劳动合同法〉的修改》,载《探索与争鸣》2016年第8期。

[91]李升:《受雇农民工的城市劳动关系状况与公平感研究》,载《青年研究》2015年第4期。

[92]李凌:《平台经济发展与政府管制模式变革》,载《经济学家》2015年第7期。

[93]李凌云:《劳动权保障的国际标准及其发展趋势》,华东政法大学2008年博士论文。

[94]李丽林:《国际比较视野下的中国劳动关系三方协商机制——现状与问题》,载《中国人民大学学报》2011年第5期。

[95]李志伟:《新常态下和谐劳动关系构建研究》,载《中国劳动关系学院学报》2016年第6期。

[96]李志强:《论劳动法中劳动权的内卷化》,载《江西社会科学》2014年第3期。

[97]李海明:《论劳动法上的劳动者》,载《清华法学》2011年第2期。

[98]李亚娟:《我国政府在劳动关系中的角色探析》,载《社会主义研究》2009年第6期。

[99]李晓华:《"互联网+"改造传统产业的理论基础》,载《经济纵横》2016年第3期。

[100]李喜燕:《实质公平视角下劳方利益倾斜性保护之法律思考》,载《河北法学》2012年第11期。

[101]李文明、吕福玉:《分享经济的起源与实态考察》,载《改革》2015年第12期。

[102]李俊、张思扬、冒佩华:《"互联网+"推动传统产业发展的政治经济学分析》,载《教学与研究》2016年第7期。

[103]李玉龙、宋雅杰:《和谐劳动关系评价指标体系的构建与应用——一种基于广义生态系统的新探索》,载《统计与信息论坛》2016年第2期。

[104]李怀、邵慰:《新制度经济学的研究方法解析》,载《经济纵横》2009年第3期。

[105]李宝元、董青、仇勇、张静:《百年中国劳动关系演化的基本路径及走势》,载《经济理论与经济管理》2015年第6期。

[106]林嘉、范围:《劳动关系法律调整模式论——从〈劳动合同法〉的视角解读》,载《中国人民大学学报》2008年第6期。

[107]林嘉:《论社会保障法的社会法本质——兼论劳动法与社会保障法的关系》,载《法学家》2002年第1期。

[108]林嘉、邓娟:《论我国劳动法范式的转变》,载《政治与法律》2009年第7期。

[109]林涛:《生产力视角下的互联网经济初探》,载《马克思主义研究》2016 年第 11 期。

[110]林海权:《双重劳动关系法律问题研究》,载《中国劳动关系学院学报》2007 年第 1 期。

[111]林润辉、谢宗晓、王兴起、魏军:《制度压力、信息安全合法化与组织绩效——基于中国企业的实证研究》,载《管理世界》2016 年第 2 期。

[112]刘伟:《市场经济秩序与法律制度和法治精神》,载《经济研究》2015 年第 1 期。

[113]刘剑:《实现灵活化的平台:互联网时代对雇佣关系的影响》,载《中国人力资源开发》2015 年第 4 期。

[114]刘绍宇:《论互联网分享经济的合作规制模式》,载《华东政法大学学报》2018 年第 3 期。

[115]刘金祥:《构筑劳资关系制衡机制是消除"资本强权"的根本之道——从"华为辞职门"事件想到的》,载《政治与法律》2008 年第 4 期。

[116]刘金祥、刘璐:《我国构建劳资关系制衡机制的法理分析》,载《华东理工大学学报(社会科学版)》2010 年第 2 期。

[117]刘姿均、陈文俊:《中国互联网经济发展水平与经济增长关系实证研究》,载《经济地理》2017 年第 8 期。

[118]刘牧、李锐:《功利主义制度理论的逻辑困境——对新制度经济学制度起源理论的反思》,载《学术研究》2011 年第 11 期。

[119]栾爽:《论构建和谐劳动关系中的政府责任》,载《中国行政管理》2008 年第 6 期。

[120][德]马克思:《资本论》(第 1 卷),人民出版社 2004 年版。

[121][德]迈克尔·波特:《竞争优势》,陈小悦译,华夏出版社 2003 年版。

[122][德]曼弗雷德·魏斯、马琳·施米特:《德国劳动法与劳资关系》,倪斐译,商务印书馆 2012 年版。

[123]莫志宏:《科斯定理、个体理性与经济效率:对科斯定理的重述》,载《制度经济学研究》2008 年第 2 期。

[124]莫志宏:《科斯问题、新古典主流思维及其方法论谬误》,载《社会科学辑刊》2007 年第 5 期。

[125]穆随心:《我国劳动法"倾斜保护原则":辨识、内涵及理据》,载《学术界》2012 年第 12 期。

[126]穆随心、王昭:《共享经济背景下网约车司机劳动关系认定探析》,载《河南财经政法大学学报》2018 年第 1 期。

[127]聂资鲁:《国际劳动法律规范与我国劳动法制的完善》,载《财经理论与实践》2008 年第 4 期。

[128]庞铁力:《劳动权及其救济制度研究》,吉林大学 2012 年博士论文。

[129]彭五堂:《马克思劳动关系理论探析》,载《山西高等学校社会科学学报》2011 年第 10 期。

[130]彭剑锋:《互联网时代的人力资源管理新思维》,载《中国人力资源开发》2014 年第 5 期。

[131]钱弘道:《法律经济学的理论基础》,载《法学研究》2002 年第 4 期。

[132]秦铮、王钦:《分享经济演绎的三方协同机制:例证共享单车》,载《改革》2017 年第 5 期。

[133]秦国荣:《劳动法上用人单位:内容厘清与立法考察》,载《当代法学》2015 年第 4 期。

[134]秦国荣:《劳资关系伦理的法学意蕴》,载《政法论丛》2018 年第 1 期。

[135]曲振涛:《法经济学》,中国发展出版社 2005 年版。

[136]曲振涛:《论法经济学的发展、逻辑基础及其基本理论》,载《经济研究》2005 年第 9 期。

[137]权衡:《中国特色劳动关系的新内涵和新趋势》,载《探索与争鸣》2015 年第 8 期。

[138]桑斯坦:《就事论事:美国最高法院的司法最低限度主义》,泮伟江、周武译,北京大学出版社 2007 年版。

[139]苏庆华:《新兴商业模式与雇佣关系规制——互联网众筹模式下的雇佣关系问题分析》,载《中国人力资源开发》2015 年第 4 期。

[140]孙中伟、贺霞旭:《工会建设与外来工劳动权益保护——兼论一种"稻草人机制"》,载《管理世界》2012 年第 12 期。

[141]宋丰景:《专用性人力资源与劳务派遣——劳务派遣的新制度经济学分析》,载《北京社会科学》2005 年第 1 期。

[142]粟瑜、王全兴:《我国灵活就业中自治性劳动的法律保护》,载《东南学术》2016 年第 3 期。

[143]邵思军:《全球化背景和历史视野中的中国劳动关系发展途径——兼议工会改革》,载《劳动关系》2013 年第 9 期。

[144]史晋川:《法经济学》,北京大学出版社 2007 年版。

[145]石燕:《马克思恩格斯辩证法思想及其在当代中国的运用和发展》,安徽大学 2017 年博士论文。

[146]沈建峰:《论劳动关系的实践界定——以中德司法机关的判决为考察重点》,载《法律适用》2012 年第 12 期。

[147]沈建峰:《论用人单位劳动规章的制定模式与效力控制——基于对德国、日本和我国台湾地区的比较分析》,载《比较法研究》2016 年第 1 期。

[148]沈开举、程雪阳:《比例原则视角下的社会管理创新》,载《现代法学》2012 年第 3 期。

[149]申婷婷:《百年中国劳动关系演化的基本路径及走势试论劳动者保护的法律选择模式——欧美模式的比较及其对中国的启示》,载《河北法学》2015 年第 4 期。

[150]盛龙飞:《最低工资、劳动力社会成本与经济效率——一个制度经济学分析框

架》，载《浙江社会科学》2012 年第 12 期。

[151]盛学军、唐军：《经济法视域下权力与权利的博弈均衡——以 Uber 等互联网打车平台为展开》，载《社会科学研究》2016 年第 2 期。

[152]孙国平：《劳动法上待命时间争议的认定》，载《法学》2012 年第 5 期。

[153]孙国平：《论劳动法上的强制性规范》，载《法学》2015 年第 9 期。

[154]孙国平：《英国行政法中的合理性原则与比例原则在劳动法上之适用——兼谈我国的相关实践》，载《环球法律评论》2011 年第 6 期。

[155]孙宝文、荆文君、何毅：《互联网行业反垄断管制必要性的再判断》，载《经济学动态》2017 年第 7 期。

[156]谭金可：《我国劳动力市场灵活性与安全性的法制平衡》，载《中州学刊》2013 年第 6 期。

[157]唐镳、刘兰：《〈劳动合同法〉的价值重塑与制度创新——基于劳动关系多元论视角》，载《法律科学》2016 年第 3 期。

[158]唐镳、谭泓：《中国劳动法治建设的动力渊源与发展趋向研究》，载《东岳论丛》2015 年第 7 期。

[159]唐镳、李彦君、徐景昀：《共享经济企业用工管理与〈劳动合同法〉制度创新》，载《中国劳动》2016 年第 7 期。

[160]唐镳、徐景昀：《共享经济中的企业劳动用工管理研究——以专车服务企业为例》，载《中国工人》2016 年第 1 期。

[161]唐庆会：《劳动合同法的经济学研究》，吉林大学 2013 年博士论文。

[162]田洋：《互联网时代劳动过程的变化》，载《经济学家》2018 年第 3 期。

[163]田思路、贾秀芬：《契约劳动的研究——日本的理论与实践》，法律出版社 2007 年版。

[164]王倩：《德国法中劳动关系的认定》，载《暨南学报（哲学社会科学版）》2017 年第 6 期。

[165]王茜：《互联网平台经济从业者的权益保护问题》，载《云南社会科学》2017 年第 4 期。

[166]王俊豪：《政府管制经济学导论》，商务印书馆 2001 年版。

[167]王天玉：《基于互联网平台提供劳务的劳动关系认定——以"e 代驾"在京、沪、穗三地法院的判决为切入点》，载《法学》2016 年第 6 期。

[168]王天玉：《工资的对价学说及其法律解释力》，载《社会科学》2015 年第 8 期。

[169]王天玉、仇晓光：《工作权之再认识——与劳动权相比较视角下的展开》，载《当代法学》2011 年第 3 期。

[170]王全兴、粟瑜：《意大利准从属性劳动制度剖析及其启示》，载《法学杂志》2016 年第 10 期。

[171]王全兴：《劳动法构建和谐劳动环境的两种视角——兼谈对劳动法调整对象的新

的理解》,载《法学家》2005 年第 5 期。

[172]王宁、罗君丽:《论科斯经济学》,载《经济学动态》2014 年第 1 期。

[173]汪全胜:《论法律非均衡——关于法律的制度经济学分析》,载《广东社会科学》2005 年第 5 期。

[174]汪新蓉:《劳资关系中的劳动者权利保护路径研究——以利益组织化为分析视角》,载《社会主义研究》2015 年第 2 期。

[175]汪华亮:《基于合同关系的替代责任——一个法律经济学视角》,载《法商研究》2015 年第 1 期。

[176]吴建斌:《科斯法律经济学本土化路径重探》,载《中国法学》2009 年第 6 期。

[177]吴飞飞:《从权利倾斜到责任倾斜的弱者保护路径转换——基于法经济学视角的解读》,载《广东商学院学报》2013 年第 6 期。

[178]吴飞飞:《公司法中的权利倾斜性配置——实质的正义还是错位的公平》,载《安徽大学学报》2013 年第 3 期。

[179]吴元元:《法律父爱主义与侵权法之失》,载《华东政法大学学报》2010 年第 3 期。

[180]吴元元:《劳资契约安排的制度逻辑——无固定期限劳动合同的法律经济学重读》,载《现代法学》2009 年第 1 期。

[181]吴丽萍:《"互联网+"背景下专车用工模式劳动关系的认定》,载《经济论坛》2016 年第 5 期。

[182]吴清军:《结构主义与经验主义的制度研究及转向——欧美劳动关系理论研究述评》,载《社会学研究》2015 年第 3 期。

[183]吴光芸、方国雄:《市场失灵、政府失灵与非营利组织失灵及三者互动的公共服务体系》,载《四川行政学院学报》2005 年第 1 期。

[184][美]奥利弗·伊顿·威廉姆森:《资本主义经济制度——论企业签约与市场签约》,段毅才、王伟译,商务印书馆 2002 年版。

[185]魏建:《法经济学:分析基础与分析范式》,人民出版社 2007 年版。

[186]魏建:《法经济学:效率对正义的替代及其批评》,载《甘肃社会科学》2002 年第 1 期。

[187]魏建:《行为经济学与行为法经济学:一个简单介绍》,载《制度经济学研究》2003 年第 2 期。

[188]魏建:《理性选择理论与法经济学的发展》,载《中国社会科学》2002 年第 1 期。

[189]魏建:《谈判理论:法经济学的核心理论》,载《兰州大学学报》1999 年第 4 期。

[190]魏建:《基于博弈视角的劳动争议处理机制完善路径分析——以〈劳动争议调解仲裁法〉为例》,载《理论学刊》2009 年第 11 期。

[191]魏益华、谭建萍:《互联网经济中新型劳动关系的风险防范》,载《社会科学战线》2018 年第 2 期。

[192]香伶、张炳申:《新制度经济学对劳动力市场理论的影响》,载《财贸经济》2006 年

第 1 期。

［193］肖竹:《群体性劳动争议应对中的政府角色》,载《行政法学研究》2014 年第 2 期。

［194］谢增毅:《劳动力市场灵活性与劳动合同法的修改》,载《法学研究》2017 年第 2 期。

［195］谢增毅:《我国劳动关系法律调整模式的转变》,载《中国社会科学》2017 年第 2 期。

［196］谢增毅:《劳动关系的内涵及雇员和雇主身份之认定》,载《比较法研究》2009 年第 6 期。

［197］谢增毅:《劳动法上经济补偿的适用范围及其性质》,载《中国法学》2011 年第 4 期。

［198］谢天长:《集体劳动关系抑或群体劳动关系:现状、根由与进路》,载《东南学术》2012 年第 6 期。

［199］熊新发:《劳动关系集体化转型趋势下的雇主策略重构》,载《社会科学辑刊》2016 年第 1 期。

［200］徐新鹏、高福霞、张昕宇:《共享经济的冷思考——以劳动保护为视角》,载《理论导刊》2016 年第 11 期。

［201］许建宇:《关于劳动法若干基本理论问题的探讨》,载《法商研究(中南政法学院学报)》2000 年第 3 期。

［202］许建宇:《双重客体说——劳动法律关系客体再论》,载《法治研究》2010 年第 11 期。

［203］杨飞:《劳动法的渊源研究》,中国人民大学 2007 年博士论文。

［204］杨秋宝:《新常态下充分发挥"互联网＋"稳定经济增长的作用》,载《理论视野》2015 年第 9 期。

［205］杨清涛:《我国劳资矛盾的现状及和谐劳资关系构建》,载《中州学刊》2017 年第 1 期。

［206］杨松、郭金良:《互联网创新发展中的经济法治研究》,载《江海学刊》2017 年第 4 期。

［207］杨鹏程、陆丽芳:《互联网时代分享经济发展的经济学思考》,载《价格理论与实践》2017 年第 5 期。

［208］杨蕙馨、李峰、吴炜峰:《互联网条件下企业边界及其战略选择》,载《中国工业经济》2008 年第 11 期。

［209］伊藤诚、黄芳、查林:《日本经济的结构性困境》,载《国外理论动态》2005 年第 9 期。

［210］应飞虎:《权利倾斜性配置研究》,载《中国社会科学》2006 年第 3 期。

［211］应飞虎:《弱者保护的路径、问题与对策》,载《河北法学》2011 年第 7 期。

［212］应飞虎:《权利倾斜性配置的度——关于〈劳动合同法〉的思考》,载《深圳大学学

报》2008 年第 3 期。

　　[213]叶明:《互联网企业独家交易行为的反垄断法分析》,载《现代法学》2014 年第 7 期。

　　[214]叶静漪、肖京:《挑战与应对:构建经济新常态下的和谐劳动关系》,载《中国人力资源社会保障》2016 年第 2 期。

　　[215]于尔根·科卡:《欧洲历史中劳动问题的研究》,李丽娜译,陈启能校,载《山东社会科学》2006 年第 9 期。

　　[216]喻中:《科斯的法律经济学思想论述》,载《政法论坛》2014 年第 3 期。

　　[217][美]约翰·巴德、迪瓦希什·海沃:《雇佣关系:人力资源管理的基础》,载《中国人力资源开发》2011 年第 9 期。

　　[218]赵红梅:《劳动法:劳动者权利义务融合之法——社会法的视角且以加班工资为例》,载《上海财经大学学报》2010 年第 2 期。

　　[219]张焰:《劳动法视角下的雇佣关系主体认定问题研究》,武汉大学 2007 年博士论文。

　　[220]张五常:《新制度经济学的现状及其发展趋势》,载《当代财经》2008 年第 7 期。

　　[221]张文显:《法哲学范畴研究》,中国政法大学出版社 2001 年版。

　　[222]张颖慧:《企业组织变动与工作权保障》,吉林大学 2012 年博士论文。

　　[223]张效羽:《互联网分享经济对行政法规制的挑战与应对》,载《环球法律评论》2016 年第 5 期。

　　[224]张国文:《劳动合同法是"废"还是"改"?——当前经济背景下劳动法领域的若干问题思考》,载《云南社会科学》2017 年第 1 期。

　　[225]张荣芳:《美国劳资争议处理制度及其借鉴》,载《法学评论》2004 年第 1 期。

　　[226]张嘉军、赵杏一:《论互联网视野下的法治建设》,载《法学论坛》2017 年第 4 期。

　　[227]张建、刘民:《网络经济环境下企业发展模式的创新》,载《东岳论丛》2015 年第 11 期。

　　[228]张小建、马永堂:《我国网络创业就业发展状况和对策研究》,载《第一资源》2013 年第 1 期。

　　[229]张翼、汪建华:《经济下行背景下劳动关系的变化趋势与政策建议》,载《中国特色社会主义研究》2017 年第 1 期。

　　[230]张磊、张鹏:《中国互联网经济发展与经济增长动力重构》,载《南京社会科学》2016 年第 12 期。

　　[231]张素凤:《"专车"运营中的非典型用工问题及其规范》,载《华东政法大学学报》2016 年第 6 期。

　　[232]张成刚、廖毅、曾湘泉:《创业带动就业:新建企业的就业效应分析》,载《中国人口科学》2015 年第 1 期。

　　[233]章群:《论工资集体谈判的潜规则与制度的应对——以"民工荒"为视角所作的分

析》，载《政治与法律》2008 年第 3 期。

[234]郑文瑞：《论劳动关系的界定：以劳动法调整对象为中心的考察》，中国人民大学2012 年博士论文。

[235]郑志来：《共享经济的成因、内涵与商业模式研究》，载《现代经济探讨》2016 年第3 期。

[236]郑广怀、孙中伟：《劳动法执行中的次标准——基于 2006—2010 年对珠江三角洲农民工的调查》，载《社会科学》2011 年第 12 期。

[237]周宝妹：《国际贸易与劳动者权益的保护——兼论劳动法的修改与完善》，载《学习与探索》2005 年第 4 期。

[238]周长征：《劳动法中的人——兼论"劳动者"原型的选择对劳动法律规范实施的影响》，载《现代法学》2012 年第 1 期。

[239]周强、朱兰：《供给侧改革、经济发展方式与投资驱动模式转变》，载《现代经济探讨》2017 年第 3 期。

[240]朱京安：《我国劳动争议裁审关系之审视》，载《理论探索》2016 年第 4 期。

[241]朱海龙、唐辰明：《互联网环境下的劳动关系法律问题研究》，载《社会科学》2017年第 8 期。

[242]朱海龙、宁丹萍、彭鑫：《美国劳动关系三方协调法律机制的形成与思考——以工人运动为视角》，载《国外社会科学》2016 年第 3 期。

[243]朱火弟、蔡振武、冯丹：《经济新常态下企业新型劳动关系的构建》，载《中国劳动》2015 年第 6 期。

[244]朱恒鹏、徐静婷：《共享发展、共同体认同与社会保障制度构建》，载《财贸经济》2016 年第 10 期。

二、外文参考文献

[1]Arun Sundararajan, *The Sharing Economy：The End of Employment and the Rise of Crowd-Based Capitalism*, MIT Press, 2016.

[2] Andrew Benito, Ignacio Hernando. Labour Demand Flexible Contracts and Financial Factors：Firm-Level Evidence from Spain, *Oxford Bulletin of Economics and Statistics*, 2008, 70(03).

[3] Alan Schwartz, Robert E. Scott. Contract Theory and the Limits of Contract Law, *The Yale Law Journal*, 2003, 113(03).

[4] Adalberto Perulli, Economically Dependent/Quasi-Subordinate(Para-suborcinate) Employment：Legal. *Social and Economic Aspects*, *European Commission*, 2002.

[5] Brinklow A, Year in Preview：What the Uber Lawsuit Means for Workers in the Sharing Economy, *SF Weekly*, 2015, December 30.

[6] Choi, Young-Ki, Experiences of Social Dialogue and Prospects for the Future in the

Repub-lic of Korea，*Working Paper*，ILO，2000.

　　［7］Catherine Lee Rassman，Regulating Rideshare without Stifling Innovation：Examining the Drivers，the Insurance 'Gap'，and Why Pennsylvania Should Get on Board，*U. Pitt. J. Tech. L.& Pol'y*，Vol. 15，No. 1，2015.

　　［8］Chand R D，Regulating Sharing：The Sharing Economy as an Alternative Capitalist System，*Tulane Law Review*，2015，90(02).

　　［9］Eichhorst and Werner，et al.，Social Protection Rights of Economically Dependent Self-Employed Workers，*European Union*，2013.

　　［10］Elizabeth Kennedy，Freedom from Independence：Collective Bargaining Rights for Dependent Contractors，*Berkeley J. Emp. & Lab. L.* Vol. 26，No. 1，2005.

　　［11］Frans Pennings，Claire Bosse. The Protection of Working Relationship：A Comparative Study，*Wolters Kluwer*，2011.

　　［12］Falk A. Reputation，Reciprocity. Consequences for Labor Relations，*IEW-Working Papers*，2001，104(01).

　　［13］Henry Ross，Ridesharing's House of Cards：O' Connor v. Uber Technologies,Inc. and The Viability of Uber's Labor Model in Washington，*Wash. L. Rev.* Vol. 90，No.3，2015.

　　［14］Ishikawa，Junko，Key Features of National Social Dialogue：A Social Dialogue Resource Book，*ILO -Geneva*，2003.

　　［15］Juho Hamari，Mimmi Sj klint，Antti Ukkonen，The Sharing Economy：Why People Participate in Collaborative Consumption，*Journal of the Association for Information Science and Technology*，2015(10).

　　［16］Lien T，Uber sued by Drivers Excluded from Class-action Lawsuit，*Los Angeles Times*，2016，January 4.

　　［17］Mark Freedland FBA，Nicola Kountouris，The Legal Construction of Personal Work Relations，*Oxford University Press*，2011.

　　［18］Morton J. Horwitz，The Historical Foundation of Modern Contract Law，*Harvard Law Review*，1974，87(05).

　　［19］Mark Freedland，The Personal Employment Contract，*Oxford University Press*，2003.

　　［20］Robert Sprague，Worker (Mis) Classification in the Sharing Economy：Trying to Fit Square Pegs into Round Holes，*ABA J. Lab. & Emp. L.* Vol. 31，No. 1，2015.

　　［21］See Davidov，Guy，The Three Axes of Employment Relationships：A Characterization of Workers in Need of Protection，*University of Toronto Law Journal*，Vol. 52，2002.

　　［22］Harry C. Katz，Wonduck Lee，Joohee Lee，Ithaca(eds.)，The New Structure of

Labor Relations: Tripartism and Decen-tralization，*New York: ILR Press*，2004.

[23] Thomas S. Ulen，Rational Choice Theory in Law and Economics，*Encyclopedia of Law and Economics*，1999.

[24]Yao X A，Lai P，Urban-rural Huji Differentials in Chinese Labor Relations，*Economic Research Journal*，2004.